아시아인이라는 이유

혐오와 차별의 정치학

정회옥 지음

후마니타스

일러두기

1. 단행본·정기간행물에는 겹낫표(『 』)를, 시·기사·논문·보고서 등에는 홑낫표(「 」)를, 법률, 방송 프로그램, 온라인 매체, 그림·노래·영화 등 작품명에는 홑화살괄호(〈 〉)를 사용했다.
2. 외국 고유명사의 우리말 표기는 국립국어원의 외래어표기법을 따랐다. 그러나 관행적으로 굳어진 표기는 그대로 사용하거나 병기했다.

차례

들어가며

차별·혐오·편견은 현재 세계가 고민하는 가장 중요한 문제들 중 하나다. 2019년 말 중국 우한에서 코로나바이러스감염증-19(이하 코로나19)가 처음 발생한 이후 중국뿐만 아니라 아시아 전체를 혐오하는 정서가 세계적으로 퍼져 나가고 있다. 이 상황은 미국, 유럽 등 서구권에서 특히 심각하다. 그 전까지 사회 안에 숨어 있었던, 아시아인★에 대한 인종차별주의가 코로나19 확산을 핑계로 모습을 드러내는 양상이다. 아시아인에 대한 경계심과 증오가 '백인 중심의 국가들'로 확산될수록 아시아인은 '길만 걸어도 두려움을 느끼는 삶'을 살아간다. 동네를 산책하거나 병원, 약국, 슈퍼마켓을 가는 길에도 아시아인에 대한 낙인찍기

★ '아시아인'이라는 용어가 의미를 가진 지는 그리 오래되지 않았다. 일례로 미국 인구조사 범주 항목에 중국인·일본인·한국인 등을 별도로 나열하다가 '아시아인'이라는 표현을 쓴 때가 1990년이었다.

나 혐오 표현이 일삼아진다는 것은 자유와 평등을 고귀한 가치로 내세우는 서구의 일그러진 초상이라 할 만하다.

미국의 시사 주간지 『뉴요커』*The New Yorker*의 2021년 4월 첫째 주 표지를 장식한 한 컷의 만화는 혐오 대상으로서 아시아인의 삶을 상징적으로 묘사하고 있다.★★ 이 만화에는 아시아계 모녀가 뉴욕의 지하철 승강장에서 전철을 기다리고 있는 모습이 담겨 있다. 언뜻 일상적인 풍경 같지만 자세히 보면 엄마와 딸은 그리 편안해 보이지 않는다. 모녀는 긴장된 모습으로 주위를 경계하고 있다. 엄마는 초조하게 시간을 확인하고 날카로운 시선으로 앞을 보고 있으며, 엄마의 손을 꼭 붙잡은 딸은 엄마의 시선이 닿지 않는 옆쪽을 살피고 있다. 언제든지 누군가가 해를 가할지 모른다는 긴장감이 전해진다.

지하철을 타는 지극히 일상적인 순간에도 경계를 늦출 수 없는 아시아인의 고된 삶이 아시아인 혐오 사회의 실상이다. 아시아인 혐오 범죄는 지난 2년여 동안 급증했다. 아시아인 혐오에 대응하기 위해 설립한 민간단체인 '스톱 AAPI 헤이트'Stop Asian American Pacific Islander Hate의 조사에 따르면 2020년 3월 19일부

★★ 아시아계 미국인 만화가 R. 키쿠오 존슨R. Kikuo Johnson 이 그린 만화로 제목은 〈지연된〉Delayed이다. 그는 한 인터뷰에서 "아시아 여성을 표적으로 한 범죄 소식을 접하고 내 엄마와 할머니와 이모들을 떠올렸다"며 "그림 속 어머니는 그 모든 여성으로 이뤄져 있다"고 말했다(『한겨레』 2021/04/11).

터 2021년 12월 31일까지 이 단체에 보고된 아시아인 대상 증오 범죄는 모두 1만 905건이다. 신체적 위해를 당했다고 신고한 이들의 16.1%가 한국계였는데, 42.8%를 차지한 중국계에 이어 두 번째로 많았다. 또한 전체 신고 건수의 61.8%가 여성으로 나타나, 여성이 남성보다 두 배 이상 많은 피해를 입었다(STOP AAPI HATE national report 참고).

미국만 그런 것이 아니다. 영국 런던 경찰청은 2020년 6~9월 동아시아인을 대상으로 한 혐오 범죄가 222건으로 전년도 같은 기간보다 95% 늘었다고 밝혔고, 프랑스 시민단체 '시큐리티 포올'이 조사한 바에 따르면 파리에서는 이틀에 한 번씩 아시아인에 대한 혐오 범죄가 발생했으며(『경향신문』 2021/03/22), 오스트레일리아의 아시아인 혐오 범죄는 코로나 발생 이후 여덟 배 넘게 증가했다(『한국일보』 2021/04/05). 2021년 1월 미국 샌프란시스코에서는 84세 타이계 남성이 아침 산책을 하다 폭행당한 뒤 숨졌으며, 2021년 3월 뉴욕 지하철에서 68세 스리랑카계 남성이 인종차별적 폭언을 들으며 무차별 폭행을 당했다. 2020년 3월 영국에서 싱가포르 출신 유학생이 현지인 서너 명에게 집단 폭행을 당했으며, 2020년 6월 프랑스 대중교통 트램 안에서 20대 한국인 여성이 거친 폭언을 들었다. 그리고 2021년 3월에는 미국 텍사스주 휴스턴에서 가게를 운영하는 한인 여성이 흑인 여성으로부터 폭행을 당했다.

폭행과 구타는 살해 범죄로까지 이어졌다. 2021년 3월 조지

아주 애틀랜타에서 백인 남성 로버트 에런 롱Robert Aaron Long이 스파와 마사지숍에서 총기를 난사해 여덟 명이 사망했는데, 그중 여섯 명이 아시아계 여성이었고, 이 중 네 명이 한인이었다.

　이처럼 아시아인에 대한 혐오가 물리적 폭력 행위로 표출된 사례뿐만 아니라 다른 종류의 혐오 행위도 빈번히 발생하고 있다. 특히 코로나19 발발 이후 아시아인은 언어폭력, 따돌림, 온라인 욕설, 기침이나 침 뱉기, 서비스 거부, 직장 내 차별 등 여러 행태로 고통받고 있다. 피해를 입은 아시아인들이 직접 밝힌 혐오 행위는 다음과 같다(STOP AAPI HATE national report 참고).

• 언어폭력 : "수업을 듣고 있었는데, 교수가 심하게 기침을 하기 시작했어요. 교수는 자기는 절대로 코로나바이러스에 감염된 게 아니라고 했어요. 중국에 간 적이 한 번도 없다면서요. 나는 그 수업에서 유일한 중국인 학생이었고, 교수는 그 사실을 알고 있었어요. 학생들은 중국인들이 박쥐, 뱀, 개를 먹는다고 떠들기 시작했고, 교수는 제지하지 않았어요."

• 따돌림 : "나는 중국계 미국인이에요. 백화점에서 엘리베이터를 기다리는데, 누군가가 내게 다음 엘리베이터를 타라고 했어요. 자기 엄마가 내 존재 자체를 불편하게 여긴다면서요. 그러면서 다른 백인 남성이 엘리베이터에 같이 타는 것은 막지 않았어요. 엘리베이터 최대 수용 인원은 네 명이었으나, 내 인종을 두려워한 그들 때문에 나는 함께 탈 수 없었어요."

- 온라인 욕설 : "행사에서 줌Zoom을 이용해 프레젠테이션을 하고 있었어요. 그런데 두 사람이 줌 미팅 룸을 해킹하고 들어와 내 발표를 방해했어요. 그들은 쫓겨나기 전에 줌 대화창에 '[아시아인을 조롱하는 인종차별적 비방인] 칭총, 아시아인은 죽어야 마땅함'이라는 메시지를 남겼어요."

- 기침이나 침 뱉기 : "횡단보도를 건너는데 반대편에서 건너오던 남자가 다가오더니 마스크를 내리고 소리쳤어요. '네 나라로 돌아가!' 그러고는 내 얼굴에 침을 뱉었어요."

- 서비스 거부 : "아버지와 함께 주유소에 들러 껌을 사려고 했어요. 그런데 점원이 '너는 바이러스야. 아시아로 돌아가!'라고 소리 지르며 욕을 했어요."

- 직장 내 차별 : "가게 점원으로 일하고 있는데, 손님이 갑자기 내게 '너희 나라로 돌아가!'라고 소리를 질렀어요. 나는 안전이 염려되어 이 사건을 상사에게 보고했습니다. 상사는 아무 조치도 취하지 않았어요. 이 일은 내가 단지 아시아인이라는 이유만으로 손님들에게 언어폭력을 당한 여섯 번째 경우였어요."

이처럼 서구 사회에서 아시아인이 일상적으로 겪는 차별과 혐오는 매우 심각하다. 마이크로어그레션micro-aggression(미세 차별)이라는 용어가 있다. 이는 인종적 소수자라는 이유로 일상에서 접하는 언뜻 사소하게 느껴지는 모욕과 경멸을 뜻한다. 예를 들어, "아시아인 치고는 눈이 참 크시네요"라는 표현은 눈이 크다는 칭찬인지, 아시아인을 두고 '눈꼬리가 치켜 올라간 찢어진 눈'slanted eyes이라며 경멸적으로 부르는 맥락의 조롱인지 헷갈릴뿐더러 묘하게 기분을 상하게 하는 표현이다. 이렇게 곰곰이 생각하면 기분이 나빠지는 일상적인 표현도 아시아인 혐오 현상의 일부분이다. 앞에 '마이크로'라는 단어가 붙은 것처럼 매우 사소하게 들려서 단순한 실수나 오해라는 변명으로 쉽게 빠져나갈 수 있다. 그런데 마이크로어그레션에 거듭 노출되는 사람들은 고립감을 느끼고 스스로 가치 없다고 여기는 한편, 이런 말을 언제든 들을 수 있다는 생각에 불안 장애나 우울증을 얻기도 한다(올루오 2019, 219). 매체가 전하는 아시아인 대상 혐오와 폭력행위에 이런 마이크로어그레션이 제대로 반영되지 않았으리라는 점을 참작한다면, 서구 세계에서 아시아인이 겪는 차별과 편견은 더 심각할 것이다.★

그렇다면 한 집단의 사람들이 다른 집단의 사람들을 집단적으로 혐오하는 이런 현상은 도대체 왜 발생할까? 누구든 혐오의 감정을 품을 수 있다. 그런데 한 집단이 다른 특정 집단을 집합적으로 혐오하고, 그 혐오가 오랫동안 지속되며, 혐오가 너무커서 폭력과 살인으로까지 치닫는다면 이를 개인의 일탈로 볼

★ 실제로 언어폭력이 전체 혐오 범죄의 63%를 차지했다. 신체적 폭력이 16.2%, 아시아인을 고의로 피하는 행위shunning가 16.1%로 뒤를 이었다(STOP AAPI HATE national report 참고).

수는 없다.

　우리는 혐오를 사회악으로 여겨 도덕적으로 지탄하며 가해자를 괴물로 치부한다. 그러나 특정 집단에 대한 열렬한 혐오는 오랫동안 다듬어지고 세대를 넘어 전해진 관습과 신념의 결과물이다(엠케 2017). 즉, 혐오는 어제오늘 갑자기 만들어진 것이 아니라 장기간에 걸쳐 만들어지고 축적되며, 결국 이를 분출시키는 사회적·구조적 조건들을 전제한다. 그리고 혐오받는 대상인 개인이나 집단이 피해자가 아니라 오히려 사회에 위협을 가하는 가해자라고 주장하는 신념 체계가 존재한다. 이 책은 서구 사회에 깊숙이 뿌리내린, 또한 우리 안에 자리 잡은 아시아인을 둘러싼 혐오의 역사와 사회적 배경, 그리고 신념 체계에 대해 이야기한다. 우선 잠들어 있던, 아시아인에 대한 혐오의 세계관과 메커니즘을 깨운 몇 가지 단기 요인을 다음 장에서 살펴보자.

1.

왜 아시아인을
혐오하는가

전염병 시기의 '희생양 찾기'

경제 불황, 전쟁, 전염병 유행 같은 국가적 위기에 직면하면 사람들은 불안하고 초조해지며 공포에 휩싸인다. 그리고 '희생양'을 찾고는 한다. 희생양을 찾아 그들에게 폭력을 행사함으로써 스트레스와 불안을 해소하는 것이다. 서구 사회의 아시아인처럼 소수자 집단들은 이런 시대적 상황에서 희생양이 되기 쉽다. 특히 전염병이 발생했을 때 소수집단들이 희생양이 되는 것은 역사에서 반복적으로 벌어졌던 일이다. 14세기 유럽에서 흑사병이 창궐했을 때 유럽 전역은 공포에 휩싸였다. 당시 가장 큰 권력을 잡고 있던 중세 교회에 대해 사람들은 신뢰를 잃었고 교회의 권위는 추락했다. 그러자 중세 교회 관계자들은 자신들의 무능을 덮기 위해 흑사병의 원인을 마녀·동성애자·외국인·유대인 등에게 돌렸다. 이들이 신의 분노를 불렀고, 신의 분노가 흑사병을 가져왔다는 주장은 사람들을 현혹했다. 흑사병에 대한 공포로 부모와 자식, 친척들과 친구들이 서로를 버리던 시대에 이성적인 판단은 잘 작동하지 않았다. 사람들은 자신이 겪고 있는 고통과 불안을 쏟아 내고 증오할 대상이 필요했고, 그렇게 선택된 것이 소수집단이었다. 특히 유대인은 기독교도 시민들이 길어 먹는 우물에 독을 풀어 병을 유포한 혐의를 받아 산 채로 화형을 당하기도 했다. 심지어 유대인이 시내에 진입하지 못하게 막는 법령도 통과되었고, 이런 반유대주의는 프랑스·이탈리아·독일 등 유럽 전역에서 발호했다.

많은 여성이 마녀 누명을 쓰고 화형에 처해졌다. 흥미롭게도 주로 배우자를 잃고 혼자 사는 여성, 어느 정도 재산이 있는 여성에게 낙인찍기가 자행되었다. 이들은 첫째, 남편이 없어 보호를 받을 수 없고, 둘째, 화형에 처한 뒤 종종 재산을 몰수했는데 유복한 여성에게 빼앗을 경제적 이득이 더 컸기 때문이다. 이런 사실은 전염병의 원인 제공자로 몰린 희생양 찾기가 그 사회의 경제적 이해관계와 밀접한 관련이 있음을 보여 준다. 곧이어 논의할 경제적 측면에서의 아시아인 혐오 현상에 대한 이야기가 이 부분을 다시 한번 상기시켜 줄 것이다.

이처럼 14세기 흑사병은 전염병이 인간 사회를 해체하는 모습을 잘 보여 준다. 공포와 분노에 휩싸인 사회에서 정상적인 관계는 불가능하고 사회적 결속은 약화된다. 이런 세계에서 소외

된 주변적 소수집단들이 질병의 원인 제공자로 낙인 찍혀 희생당하는 것은 거의 '전염병의 법칙'과도 같다(장문석 2020, 19). 이들 소수집단은 대개 경제적으로도 열세인 경우가 많으므로 주거 환경이 깨끗하지 못해 전염병에 취약하고, 전염병을 피해 다른 곳으로 도피할 여력이 없으며, 박해와 핍박에 맞서 싸울 힘도 없다. 전염병과 같은 국가적 위기는 희생양을 만들어도 된다는 신호나 마찬가지가 되어 희생양 찾기에 제약이 없어진다.

희생양 찾기에는 계층 문제도 얽혀 있다. 안타깝게도 국가적 위기가 발생할 때 그에 따른 고통은 주로 하층계급이 감당한다. 현재 한국 사회에서 코로나19 팬데믹(세계적 대유행) 이후 경제적으로 가장 고통받는 집단도 하층계급임을 말하는 통계는 많다. 전염병에 따른 고통이 모두에게 평등하지 않다는 사실은 정치적 긴장과 사회적 갈등을 더욱 증폭한다(장문석 2020, 25). 흑사병이 창궐했을 때에도 그 피해에 무방비로 노출된 사람들은 주로 빈민이었다. 이들이 느끼는, 불평등함에 대한 분노는 희생양으로 선택된 사회의 소수집단에게 고스란히 전가된다.

수백 년이 지난 지금 이름만 바뀌었을 뿐 데칼코마니처럼 똑같은 현상이 벌어지고 있다. 아시아인 혐오 현상은 코로나19라는 미증유의 바이러스에 직면한 사람들이 지난 세기의 인류가 그래 왔듯이 희생양 찾기를 시작한 것의 일환이다. 중국이 코로나19의 발원지라는 점에서 아시아인은 그들이 손쉽게 찾을 만한 희생양이 되었다. 서구에서 벌어지고 있는 아시아인 혐오 현상은 생각보다 취약한 의료 복지 체계로 말미암아 더 거세졌다. 세계 최대 강국인 미국과 유럽의 선진국조차 코로나19 발발 초기 많은 감염자와 희생자를 낳았는데, 이처럼 전염병은 그 사회의 가장 약한 부분을 여지없이 드러낸다. 특히 미국은 코로나19에 따른 세계 최대 피해국이다. 이런 점들이 미국 및 유럽 선진국에서 아시아인에 대한 분노를 더욱 키웠다.

그리고 역사는 반복된다. 미국에서 아시아인이 전염병을 퍼뜨린 원인으로 지목되어 차별과 증오의 대상이 되는 일은 처음 있는 일이 아니었다. 1876년 미국의 천연두 사태가 있다. 당시 미국 주류 사회는 천연두 유행의 원인으로 중국 이민자들을 꼽았다. 중국 이민자들은 불결한 인종이며, 불치병을 일으키고 이를 백인들에게 전파한다고 간주되었다.

〈샌프란시스코의 삼미신〉San Francisco's Three Graces이라는 그림을 보면 차이나타운을 세 유령이 둘러싸고 있다. 그 유령들은 왼쪽부터 차례로 '말라리아', '천연두', '나병'이라고 쓴 옷을 입었다.

아시아인의 미국 이주사를 보면 당시 상황을 이해하는 데 도움이 된다. 미국에 처음으로 대량 이주한 아시아인은 중국인이다. 아편전쟁에서 패한 청나라 정부는 영국에 배상금을 물기 위해 세금을 천정부지로 올렸고, 살인적인 세금을 견디다 못한 중국인들은 19세기 중반부터 나라 밖으로, 특히 미국으로 향했다. 중국인들의 미국 이주를 낳은 '배출 요인'에, 미국에서 발생한

작가 : George Frederick Keller
자료 : Billy Ireland Cartoon Library & Museum

샌프란시스코의 삼미신

1882년 5월 26일 출판된 『와스프』 The Wasp 8권 304호 표지 그림이다. 삼미신은 그리스신
화와 로마신화에 등장하는 세 명의 아름다운 여신을 뜻한다.

'흡수 요인'도 맞아떨어졌다. 19세기 중반, 미국은 캘리포니아의 금광 개발, 대륙 간 횡단 철도 부설 등으로 값싼 노동력이 필요했다. 영토가 광활하고 천연자원이 풍부한 미국에도 노동력, 특히 값싼 노동력이 부족했고 이는 자본주의를 확장하는 데 걸림돌이 되었다. 이에 미국은 세계 각국에 선전원을 보내 미국 이민을 독려했고, 유럽에서 온 이주민만으로 충당되지 않자 중국인을 비롯한 유색인종의 이주를 마지못해 받아들였다. 아시아 이민자의 선두 주자 격인 중국인과 그 뒤를 이은 일본인, 필리핀인, 인도인의 값싼 노동력으로 미국은 세계 제1의 부를 일군 셈이다. 아쉽게도 미국사 해석에서 미국의 눈부신 경제성장, 특히 서부 개발에 아시아인이 기여한 바가 크다는 사실은 여전히 간과되고 있다.

중국인들이 이주하던 초기부터 미국 내 반중국인 정서는 매우 강했는데 이런 혐오를 낳은 이유에는 여러 측면이 있었다. 첫째, 경제적 측면에서, 중국인들이 값싼 노동력을 제공해 백인들의 임금수준을 낮춘다는 것이었다. 또한 백인들이 임금 인상, 고용 환경 개선 등을 위해 파업을 감행할 때 중국인들이 대체인력으로 투입되어 파업이 성공하지 못하게 방해한다는 주장도 있었다. 둘째, 문화적 측면에서, 중국인들의 질 낮은 문화가 미국의 수준 높고 고상한 문명에 해롭다는 것이었다. 특히 중국인들은 성매매·아편·도박 등에 빠져 있다고 여겨졌는데, 이는 당시 재미 중국인 사회의 특성 때문이기도 했다. 중국 이민자들은 대

자료 : Hawaii State Archives

1900년 미국 호놀룰루에서 시행된 전염병 방지 훈증 소독

부분 배우자나 가족을 중국에 남기고 혼자 온 남성 노동자였고, 범죄 조직은 차이나타운에서 이들을 대상으로 성매매 집결지를 운영했다. 그래서 중국인이라고 하면 성매매나 폭력 같은 부정적인 이미지가 연상되었고, 이는 백인들의 반중 정서를 부추겼다. 셋째, 의학적 측면에서, 중국인은 청결하지 않기에 질병을 옮기고 미국 사회에 이를 전파해, 미국의 복지 체계를 붕괴시킬 수 있다는 것이었다.★

아시아인이 의학적 희생양이 되는 현상은 1899년 선페스트 사태 때도 반복되었다. 1899년 하와이에서 흑사병의 일종인 선페스트가 확산되자 미국 정부는 차이나타운을 진원지로 지목하고 감염자가 발생한 건물 등을 소각했는데, 이 과정에서 바람을 타고 불길이 번져 화재가 발생했다(〈프레시안〉 2021/04/05). 결국 차이나타운이 사실상 붕괴되고 많은 중국인들이 삶의 터전을 잃었다. 또한 아시아인을 공공장소로 소집해 훈증 소독을 시켰다. 남녀노소 불문하고 공개된 장소에서 발가벗겨 목욕을 강요했다

★ 중국인과 달리 일본인 이민자들은 의학적 희생양이 되지 않았다. 일본인은 중국인이 미국으로 대거 이주를 시작하고 한참 지나 대량 이주를 시작했다. 그동안 전염병에 대한 의학 지식이 축적되기도 했고 일본인의 경우 질병의 전염원으로 지목되기보다는 출생률이 높다는 비판을 주로 받았다. 중국인 이민자들은 대부분 가족을 중국에 남기고 혼자 온 남성 노동자였던 반면, 일본인은 주로 가족 단위로 이주했고, 남성 이주자들도 '사진 신부'picture bride(115쪽 각주 참고)를 통해 많이 결혼했기 때문이다.

는 것은 미국 정부가 아시아인의 인권 및 사생활 보호에 얼마나 무관심했는지를 드러낸다.

1900년 샌프란시스코에서도 선페스트가 발생하자 캘리포니아주 정부는 중국인과 백인 주민의 접촉을 막기 위해 1만 4000여 명이 거주하는 차이나타운 주변에 밧줄로 저지선을 설치했다(《프레시안》 2021/04/05). 또한 하수도와 거주지 주변을 이산화황·수은 등 독성 물질로 만든 약품으로 소독했고, 의학적 안전성이 확보되지 않은 백신을 아시아인에게 강제 주사한 것으로 알려졌다. 중국인에 대한 미국 사회의 의학적 지원은 매우 미약했다. 1870~97년 샌프란시스코 내 병원의 치료 기록을 살펴보면 중국인 환자는 0.1%에도 못 미친다(Trauner 1978, 70~87). 당시 샌프란시스코의 중국인 인구가 전체 인구의 5~11% 정도였음을 감안하면 지극히 낮은 수치다.

이처럼 질병을 인종화racialization하는 행태는 과학기술 및 의학 이론이 충분히 발달한 21세기에도 지속되고 있다. 2020년 급증하기 시작해 2021년 애틀랜타 스파 총기 난사 사건으로까지 비화된 서구 국가 내 아시아인 증오 범죄는 '국가적 위기 속에서 희생양 찾기'라는 역사적 사건의 연속성을 고려해 살펴야 한다.

경제 위기와 인종 혐오

　일자리 감소와 같은 경제 위기는 인종 혐오와 직결된다. 코로나19 탓에 세계는 팬데믹과 경제 불황을 동시에 경험하고 있다. 2020년 미국의 경제성장률은 -3.5%로 제2차 세계대전 직후인 1946년 이후 최저치를 기록했다. 미국에서는 경기가 후퇴할 때마다 이를 이민자 탓으로 돌리는 목소리가 커진다. 많은 미국인이 이민자를 자신의 일자리를 빼앗는 경쟁자로 여기게 된다. 특히 경제 불황으로 말미암아 사회에서 낙오하게 된 저소득 노동 계층은 자신의 처지가 이민자들 때문이라고 생각하고 그들에게 적대감을 표출한다. 이들의 혐오 정서를 극우 정치인들은 자신들의 정치적 이해관계를 위해 활용한다. 극우 정치인들은 사회에 해가 되는 이민자를 쫓아내야 한다고 선동하고, 이들에 대한 지지율은 올라간다. 경제가 불황일 때마다 반복되는 양상이다. 그러나 경제 불황은 이민자들 때문이 아니라 장시간에 걸쳐 형성된 구조적 문제 때문이다. 제2차 세계대전 이후 오랫동안 호황을 누린 서구 국가들은 부족한 노동력을 충당하기 위해 제3세계 국가에서 대규모 노동력을 수입해 왔다. 그러다가 1970년대 초반에 석유파동으로 경제 위기를 겪으면서 각 나라는 노동력 수입을 중단했고, 이미 들어와 있는 이민자도 고국으로 돌려보내려 했으나, 오히려 합법 체류 자격을 확보한 이민자들은 가

자료 : 위키미디어 커먼스

빈센트 친

족을 초청하기도 했다. 이런 상황에서 신자유주의 물결이 거세지자 경제적 양극화가 심화되었고, 최하층은 만성적인 빈곤 상태에 놓였다. 그러자 이민자들이 경제에 기여한 것은 잊히고, 이들이 경쟁자이자 사회에 해를 끼치는 존재이므로 쫓아내고 핍박해도 된다는 정당화 논리가 힘을 얻었다.

경제 불황이 아시아인 혐오 범죄를 불러온 사례로는 1982년 빈센트 친Vincent Chin 살인 사건이 있다. 빈센트 친은 중국계 청년으로 결혼을 얼마 앞두고 술집에서 파티를 하던 중 백인 남성들에게 무참히 살해되었다. 사건이 발생한 디트로이트는 자동차 산업으로 유명한 도시인데, 그 무렵에는 자동차 산업이 몰락해 실업률이 높았다. 미국 자동차 제조업체인 크라이슬러에서 감원 조치로 해고된 백인 남성 두 명이 "너 같은 일본 놈 때문에 우리가 직장을 빼앗겼다"며 빈센트 친을 야구방망이로 내리쳐 잔혹하게 살해했다. 빈센트 친은 일본계가 아니라 중국계 이민자 2세였다. 코로나19로 촉발된 아시아인 혐오 현상에서도 중국인·일본인·한국인을 가리지 않고 아시아인 전체가 무작위로 표적이 되듯 혐오는 이성적인 판단을 마비시킨다. 빈센트 친 사건은 1980년대 일본 자동차 산업의 미국 진출로 반일 감정이 고조되던 상황에서 발생한 인종 혐오 범죄였다. 한 자동차 관련 단체가 일본 자동차를 망치로 깨부수는 이벤트를 열 만큼 미국 내 반일 감정이 매우 높은 시기였다.

주로 백인 판사로 구성된 미국 재판부는 백인 가해자 두 명에

게 집행유예 3년(벌금 3000달러와 법원 비용 780달러 납부)을 선고
했다. 이에 아시아계 미국인이 반발해 〈민권법〉 위반 혐의로 두
백인을 기소했으나 배심원들은 무죄판결을 내려 결국 가해자들
은 단 하루도 수감되지 않았다.

　　사람들은 경제 불황이 닥치면 위기감과 공포감을 느낀다. 위
험에 대한 공포가 잠재적 인종 고정관념을 촉발하는 것을 보여
주는 실험이 있다(Trauner 1978, 70~87). 브리티시컬럼비아 대학
교 연구진이 실험 참가자에게 흑인 남성의 다양한 표정을 담은
슬라이드를 보여 주고 이어서 설문을 실시했다. 단, 사람들 중
일부는 환한 장소에서 슬라이드를 보게 하고 다른 일부는 어두
운 방에서 보게 했는데, 어두운 곳에서 슬라이드를 시청한 사람
들은, 자신들이 본 흑인 이미지에 대해 인종적 고정관념을 더욱
강하게 드러냈다. 어두운 장소가 상징하는 '불확실성' 속에서 어
떤 결정을 내려야 할 때 사람들은 내재된 고정관념에 더욱 의존
한 것이다. 경제 불황처럼 어두운 시기, 불확실한 상황에서 사람
들의 인종적 편견을 작동하는 스위치가 켜진다.

정치 엘리트와 대중매체의 반아시아인 선동

　　코로나19가 발생한 뒤 일부 정치 엘리트는 중국을, 미국에서
발생한 팬데믹 피해자의 분노를 돌릴 희생양으로 삼는 정치적

수사를 줄기차게 동원했다. 이는 반아시아 정서를 부추기고 아시아인 혐오 현상을 야기했다. 혐오감을 자극하고 동원한 대표적인 정치인이 바로 도널드 트럼프Donald Trump 전 미국 대통령이다.★

트럼프는 이민자에게 범죄자나 살인자라는 프레임을 씌우고 미국에서 쫓아내야 한다는 연설을 수십 차례 했다. 재임하는 내내 마음에 들지 않는 사람이나 집단을 종종 '호구들'suckers 또는 '패배자'losers라고 부르거나, 세계 곳곳이 '지옥'으로 가고 있다는 등 정제되지 않은 거친 표현을 자주 사용했고, 종종 이민자들을 미국 사회에 도움이 안 되는 패배자나 악당으로 묘사했다. 정치 엘리트의 극단적인 발언과 행태는 대중을 자극했고, 미국 내 아시아인에 대한 거부감은 극에 달했다. 2016년 백인 우월주의자들이 활발히 활동하는 트위터 네트워크를 분석하니, 가장 많은 리트윗이 된 해시 태그 중 하나가 '#도널드트럼프'였다고 한다(에버하트 2021, 283). 트럼프의 말과 행동이 소셜 미디어를 통해 대중들을 극우 성향으로 치닫게 하고 선동하는 자극제 역할을 했음을 엿볼 수 있다. 또 다른 선동적인 정치 엘리트로 칩 로이Chip Roy 공화당 의원이 있다. 2021년 3월 하원에서 열

★ 트럼프 전 대통령은 코로나19를 '중국 바이러스' 또는 중국 무술인 쿵후와 플루의 합성어인 '쿵플루'라고도 불렀다. 그
의 인종차별적 발언으로 반아시아계 혐오가 더욱 거세졌다.

린, 아시아계 미국인에 대한 차별 청문회에서 그는 중국공산당을 '나쁜 사람들'로 칭한 뒤 "나는 치콤ChiCom(중국공산당을 비하하는 표현)이라고 말하는 게 부끄럽지 않다"고 했다. 그는 이 자리에서 과거에 흑인에게 자행된 초법적 폭력을 뜻하는 '린치'를 연상케 하는 용어까지 써서 논란을 일으켰다.

이처럼 혐오감을 자극하는 정치인들의 행태는 대중의 아시아인 혐오에 기름을 붓는다. 이를 과학적으로 입증한 연구가 있다. 런징 루Runjing Lu와 소피 옌잉성Sophie Yanying Sheng의 연구에 따르면 트럼프가 중국과 코로나19를 연계한 트윗을 올릴 때마다 네 시간 안에 아시아인을 비하하는 표현인 칭크Chink★를 사용한 인종차별적 트윗이 미국 전역에서 20% 증가했을뿐더러 같은 날 아시아계 혐오 범죄 신고 건수는 8% 증가했다(Lu and Sheng 2020). 아시아인 혐오 현상에 대한 정치 엘리트의 책임을 묻지 않을 수 없다.

또한 파급력이 큰 매체의 메시지는 대중의 인종 편향을 은연중에 조장한다. 2020년 1월 프랑스 지역 일간지 『르 쿠리에 피카르』Le Courrier Picard가 「중국 코로나바이러스 : 황색경보」Corona-

---

★ '찢어진 눈'을 뜻하는 칭크는 아시아인을 비하하는 은어다. 해외에서 활약하는 아시아계 운동선수들이 관중들에게 칭크로 불리며 야유받는 경우가 종종 있는데, 이 용어는 백인들이 중국계 이민자를 칭하는 데서 기원했다.

virus Chinois: Alerte Jaune라는 기사를 실어 큰 논란을 일으켰다. 아시아인의 피부색을 가리키는 '황색'을 코로나19와 결부한 것이다. 오스트레일리아의 일간지 『헤럴드 선』*Herald Sun*은 1면에 대혼란을 뜻하는 '팬데모니엄'Pandemonium 대신 중국을 떠올리게 하는 '판다'panda를 사용해 '판다-모니엄'Panda-monium으로 바꿔 쓰기도 했다. 또한 독일 주간지 『슈피겔』*Der Spiegel*은 코로나19를 다룬 표지에 「메이드 인 차이나」Made in China라는 표제를 달았다. 대중매체의 자극적이고 인종차별적인 보도는 아시아인 혐오 여론을 증폭하는 매개가 되었다.

미중 관계와 반아시아인 정서

국내 정책은 대외 정책의 연장이다. 1950년대 맹위를 떨친 미국 내 매카시즘 광풍과 공안 탄압이 미소 간 경쟁 속의 냉전 시대 대외 정책과 관련되어 있던 것처럼 말이다. 미국 내 반아시아인 정서는 미중 경쟁의 격화 및 대결 정책과 연관되어 있다. 미중 갈등은 트럼프 시대에 심해졌고, 코로나19 팬데믹 와중에 증폭되었다. 미국과 중국의 무역 전쟁이 기술 패권 전쟁으로까지 번졌는데, 화웨이를 둘러싼 미국과 중국의 갈등이 대표적이다. 화웨이는 중국의 세계 최대 통신 장비 업체로, 미국 정부는 화웨이 회장이 인민해방군 장교 출신이라 화웨이의 통신 장비를 통해 오가는 정보가 중국 쪽에 유출될 수 있다는 의혹을 제기하고 화웨이의 활동을 규제했다. '기술 굴기'를 내세우며 기술 패권을 추구하는 중국에 견제 심리가 작동한 것이다. 미국은 중국이 첨단 제조업까지 완비하면 미국 주도의 달러 패권 체제에 균열이 올지 모른다는 두려움이 있다. 미중 간 경쟁 격화는 미국인들의 반중 정서에도 영향을 미쳤는데 미국인에게 중국에 대한 호감도를 물으면 응답자의 4분의 3이 부정적이라고 대답한다(Pew Research Center 2020/10/06). 중국에 '매우 부정적'이라고 답변한 사람 역시 사상 최고인 42%로 1년 전보다 두 배 수준으로 급증했다. 미국인의 64%는 중국이 코로나19 대응을 잘못했다고 생각하며, 응답자의 78%는 바이러스가 우한 밖으로 퍼져 세계로 확산한 것을 중국 정부 탓으로 여긴다. 미국인은 중국인이 핵심 경쟁자를 넘어서서 자신들을 능가할지도 모른다는 위기의식이 이미 있었는데, 코로나19를 계기로 반중 정서가 한층 격화된 셈이다.

조 바이든Joe Biden 행정부는 '중국 바이러스'와 같은 경멸적인 용어는 사용하지 않지만 양국 간 대립은 완화되지 않고 있다. 바이든 행정부는 홍콩과 신장에서의 인권 탄압을 문제 삼아 대중 제재를 강화했고, 중국도 각종 보복 조치로 맞불을 놓으며 양국 관계는 악화일로에 있다. 코로나19로 말미암아 세계가 정체되고 경직되어 있는 가운데 미국과 중국 사이에 신냉전 이야기가 될 정도로 긴장이 팽배한 상황이다. 이런 대외적 상황은 미국 내에서도 반중국인 및 반아시아인 대중 정서를 부추기고, 이는 다시 아시아인 혐오 현상으로 표출된다. 중국을 견제하기 위해 미국·일본·인도와 함께 결성한 4자 협의체인 쿼드Quad의 회원국인 오스트레일리아에서도 아시아인 혐오가 증가하고 있다. 이처럼 대외 상황은 국내 상황에 영향을 미친다. 미국 내 소수 인종 집단인 아시아인의 삶 또한 국내-국제 상황의 복잡한 그물 속에서 자유롭지 않다.

미국 인구구성의 변화와 '위협적인' 아시아인

2020년은 백인이 미국의 16세 이하 세대에서 최초로 소수 인종이 된 해이다.★ 전체 미국 인구에서 백인은 60.1%를 차지해 1790년 통계 작성 이래 230년 만에 가장 낮았다. 아시아계와 중남미계(히스패닉) 인구가 급증하는 반면 백인의 출생률은 계속 떨어지고 있어, 앞으로 25년 안에 전체 미국인 중에서도 백인이 소수 인종이 될 것으로 미 언론들은 예측하고 있다.

★ 여기서 소수 인종은 '수적인' 소수, 즉 전체 인구에서 차지하는 비중이 적은 인종 집단을 의미한다. 일반적으로 소수 인종의 중요한 특징은 수적인 소수 또는 다수 여부를 떠나 정치적·사회적·경제적으로 열악한 상황, 권력적 열세에 처해 있는 '질적인' 소수집단으로서의 위치이다.

이런 인구구성 변화는 아시아인 혐오 현상과 무관하지 않다. 아시아인 규모가 커지고 백인이 차지하는 비율은 줄어드는 상황에서 백인들은 아시아인에게 위협감을 느끼고 더욱더 불안해할 수 있기 때문이다. 2020년 6월 미국 인구조사국이 발표한 2019년 센서스 결과에 따르면, 지난 10년 동안 미국 내 인종 가운데 인구 증가율이 가장 높은 집단은 아시아인이었다. 아시아인 인구는 10년 사이 29%가 늘어 현재 약 2280만 명이다. 그다음으로 인구 증가율이 높은 인종은 중남미계인데, 지난 10년간 1000만 명이 늘어 20%가 증가했다. 흑인 인구는 같은 기간 12% 늘었다. 반면 백인 인구는 4.3% 증가해 증가치가 가장 낮았다(United States Census Bureau 참고).

일반적으로 중남미계의 급격한 인구 증가율은 잘 알려져 있지만 아시아인의 '몸집'이 커지는 상황은 상대적으로 덜 알려져 있다. 미국을 비롯한 서구 국가에서 아시아인은 영원한 이방인이자 외국인으로 간주되어 크게 관심을 받지 못해서이기도 하다. 19세기 중엽 중국인으로부터 시작된 아시아인의 대규모 이주가 반아시아인 감정을 불러일으켰듯이, 아시아인의 증가는 백인에게 두려움과 혐오를 자극함 직하다. 미국의 주류 백인은 특권을 상실할지 모른다며 위협을 느끼고 있고, 그 결과 위협의 근원이라고 여기는 사람들에 대한 인종 편견을 키운다. 실제로 사회 심리학자 모린 크레이그Maureen Craig와 제니퍼 리치슨Jennifer Richeson의 연구는 백인들이 수적으로 열세라는 느낌과 자신들의 존재감이 약해진다는 생각 때문에 흑인·중남미계·아시아계 미국인에게 더 부정적인 태도를 가진다는 사실을 보여 주었다 (Craig and Richeson 2014, 750~761).

지금까지 코로나19 이후 급증한 아시아인 혐오 현상의 원인을 다섯 가지 측면에서 살폈다. 그런데 이 요인들도, 서구 문화의 근저에 자리 잡고 있으며 세대를 넘어 전승된 세계관이 없었다면 아시아인에 대한 강한 혐오를 자극하지 못했을 것이다. 백인의 무의식에 깊이 뿌리내려 백인 문화 곳곳에 발견되는 이 세계관을 서구 중심주의eurocentrism, 오리엔탈리즘, 그리고 인종주의로 지칭할 수 있다. 그리고 이 세계관이야말로 서구 대중문화에서 반아시아인 이미지로 표현되어 사람들의 잠재의식에 남아 혐오 범죄라는 폭력행위까지 낳는 근본적인 원인이다.

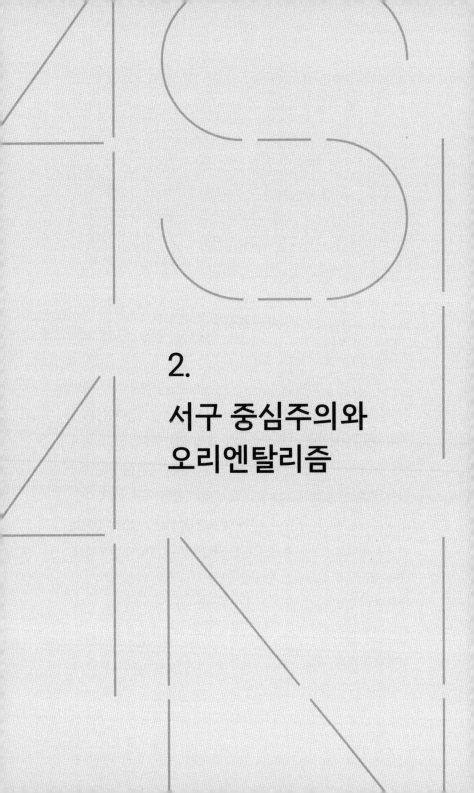

2.

서구 중심주의와
오리엔탈리즘

서구 중심주의

　누구나 자기가 남보다 낫고, 자기 물건이 남의 것보다 좋다고 여기곤 한다. 실상은 다르더라도 그렇게 되기를 바란다. 이처럼 많은 사람들은 자부심에 대한 기본적인 욕구가 있고, 자기 자신을 좋아하는 것은 인지상정인지도 모른다. 이를 무의식적 자기 선양 동기self-enhancement motive 또는 암묵적 자기중심성implicit egotism이라고 한다. 자신과 닮은 사람이나 사물에 끌리는 암묵적 자기중심성은 자신에 대한 긍정적인 평가에서 비롯된다. 예를 들어, 사람들은 자기 이름에 있는 글자를 다른 글자보다 좋아하고 특히 이름의 첫 글자와 마지막 글자를 선호한다고 한다. '이름 효과'name letter effect라는 것도 있다(아가왈 2021, 58). 심리학자 조제 뉘탱Jozef Nuttin이 처음 발견했는데, 어느 날 자신의 이름 글자가 들어간 자동차 번호판에 더 끌리는 것을 깨닫고, 이를 이름 효과로 명명했다. 동일한 현상이 이후 14개국 넘는 곳에서 시행된 여러 연구에서도 발견되었는데, 이처럼 무의식적인 자기중심성은 사회적·문화적 맥락과 상관없이 나타나는 보편적 현상이다. 아이들도 처음 알아보는 글자가 자기 이름의 첫 글자인 경우가 많다. 내 아이에게도 가장 좋아하는 영어 알파벳이 무엇인지 물었더니 신기하게도 자신의 영어 이름 첫 글자를 이야기해 깜짝 놀란 적이 있었다.★

무의식적 자기 선양 동기는 여러 연구에서 널리 발견되고 있다. 예를 들어, 누가 누구에게 많이 기부하는지를 분석한 연구에서 사람들은 허리케인으로 발생한 이재민 가운데 유독 자기 이름과 머리글자가 같은 이들에게 기부하는 경향이 있다는 사실이 발견되기도 했다(아가왈 2021, 59). 이런 무의식적 자기중심성은 주로 자아 만족감과 정체성 형성을 위해, 그리고 더 근본적으로는 인간이 이기적이기에 발생한다.

무의식적인 자기중심성을 조금만 확장하면 자민족 중심주의 ethnocentrism가 된다. 1906년 윌리엄 그레이엄 섬너William Graham

★ 프라기야 아가왈Pragya Agarwal은 자신의 세 살배기 쌍둥이가 처음 알아본 글자가 자기 이름의 첫 글자였고, 쌍둥이는 어디에선가 그 글자를 발견하면 '내 글자'라며 무척 좋아했다는 일화를 적었다(아가왈 2021, 58). 이를 읽고서 나도 아이에게 해본 것이다.

Sumner는 자민족 중심주의이라는 용어를 처음 만들었다. 자민족 중심주의는 자기 집단·민족·문화가 우월하고 믿으며 이를 기준으로 남들을 평가하는 것을 뜻한다. 사람들에게는 문화적 동류를 수용하고 비동류는 배제하는 경향이 있다. 내 집단의 사고방식은 우수하고 도덕적이며, 내 집단의 기준은 보편적이기에 어디에든 통용된다고 생각한다. 만약 스스로 부여한 사회적 기준과 규범에서 조금이라도 이탈한다면 그것은 열등하고 비도덕적이라고 여긴다. 자민족 중심주의와 마찬가지로 내 집단을 편애하는 행동은 집단 경계선에 기반하는데, 이 경계선은 관찰하기 쉬운 특징인 피부색, 종교, 언어, 신체 특징 등으로 정의된다(아가왈 2021, 54). 백인 중심 사회에 살고 있는 아시아인은 한눈에 알아볼 만한 신체 특징인 피부색 때문에 손쉽게 외집단out-group으로 정의된다. 설사 그가 미국에서 태어나고 자라 영어가 모국어이며 미국에 강렬한 애국심을 지녔더라도 말이다.

자민족 중심주의의 극치가 서구 중심주의이다. 서구 중심주의는 그 성격이 매우 독특한데, 단순히 '서구는 잘났고 비서구는 못났다'는 정도에 그치지 않는다(박경태 2009, 41). 여기서 더 나아가 서구는 인류 역사를 만들어 온 원천이자 주류이며 미래라고 주장한다. 이런 주장은 서구에 속하지 않는 나라들은 하루빨리 서구를 따라 배워야만 발전할 수 있다는 논리로 이어진다. 서구 중심주의에서 서구와 비서구는 끊임없이 다음과 같이 대비된다.

'능동적 주체' 대 '수동적 대상'

'중심' 대 '주변이나 변두리'

'변화를 이끌어 온 주체' 대 '변화의 대상'

'근대를 개척한 장본인' 대 '정체된 전근대'

'가장 진보한 문화이며 보편성을 가진 문화' 대 '매우 특수한 문화'

이런 대비 목록에서 전자는 서구, 후자는 비서구를 의미한다. 서구 중심주의에 따르면, 서구 문명은 다른 문화보다 단순히 더 나은 정도가 아니라 인류 역사 발전 단계의 정점에 도달한 문명이다. 동양이 이룬 것은 특수한 것에 지나지 않고, 서구 문화는 비서구를 포함한 인류의 역사에 영향을 끼치고 보편적으로 적용될 수 있다는 것이다. 따라서 비서구는 서구를 모방하고 수용해야만 전근대와 야만에서 탈출해 발전할 수 있다. 이렇듯 서구 중심주의는 서구 문명이 비서구 문명보다 뛰어나다는 과장된 우월 의식의 표현이자 자민족 중심주의의 극치다(박경태 2009, 42).

오리엔탈리즘

서구 중심주의는 오리엔탈리즘이라는 또 다른 이름으로도 표현된다. 에드워드 사이드Edward Said*가 저서 『오리엔탈리즘』에서 주장했듯이 오리엔탈리즘은 "동양과 서양이라는 이분법적 구별에 기반을 둔 대립적 사고방식이며 동양을 지배하고 재구성하며 억압하기 위한 서양의 제도 및 스타일"이자 "동양이 서양보다 열등하고 비합리적이라고 간주하는 생각"을 의미한다. 오리엔탈리즘은 '오리엔트'Orient, 즉 동양이 주체가 되어 만들어진 용어가 아니다. 오리엔트가 아닌 '옥시덴트'Occident가 주체가 되어, 주체인 서양이 동양에 대해 갖는 반응이나 태도를 의미하는 것이 오리엔탈리즘이다(정진농 2003, 13).

서구 중심주의와 비슷하게 오리엔탈리즘은 동서양을 대비한다. '서양은 이렇고 동양은 저렇다'는 단순한 흑백논리에 바탕을 두고, 서양에는 긍정적인 이미지를, 동양에는 부정적인 이미지를 부여한다.

'과학과 기술의 발달로 물질문명의 꽃을 피운 지역' 대 '물질적으로 저발전한 지역'
'미지의 대륙을 발견하고 개척함' 대 '미개하고 불결함'
'자본주의를 발전시켜 인류의 삶의 수준을 향상함' 대 '열등함'
'남성' 대 '여성'

★ 1935년 예루살렘에서 출생한 팔레스타인인이다. 어린 시절을 이집트와 레바논에서 보낸 뒤 도미했다. 미국에서 교육받고 미국 대학 교수가 되어 영문학과 비교문학을 강의하다가, 1978년 『오리엔탈리즘』을 출판해 세계적인 논쟁을 불러일으켰다.

역시나 이 목록에서 전자는 서양, 후자는 동양을 가리킨다. 흥미롭게도 오리엔탈리즘에서 서양은 남성에, 동양은 여성에 비유된다. 서양에는 지배자 남성의 이미지를, 동양에는 서양에 복종하는 피지배자 여성의 이미지를 부여한다. 사이드는 모든 시대, 모든 사회에서 자아 정체성을 구축하려면 상대방, 즉 타자의 존재가 필수적이라고 주장했다. 모든 문화의 발전과 유지는 타자의 존재를 요구하는데, 결국 서양은 동양이라는 상대적인 타자의 이미지를 설정함으로써 서양 스스로의 자아 이미지를 구축하는 데 도움을 받았다는 것이다(사이드 1991). 동양을 열등하다고 정의함으로써 서구는 스스로 지적·문화적으로 우월하다고 정의할 수 있게 되었다. 간단히 예를 들어, 내가 한 집단에서 1등임을 주장하려면 2등, 3등, 그리고 꼴찌 역할을 하는 존재들이 있어야 한다. 나보다 열등하다고 주장할 만한 존재 없이 내가 1등이라고 소리를 높이는 것은 얼마나 공허하고 우스꽝스러운가. 이처럼 서양은 동양을 밑에 두고 스스로를 발전적이고 진보적이며 역동적인 문화로 자부했으며, 이는 서양의 제국주의적 자만심을 뒷받침했다(정진농 2003).

에드워드 사이드는 오리엔탈리즘을 잠재적 오리엔탈리즘과 명시적 오리엔탈리즘으로 구분했는데, 명시적 오리엔탈리즘은 잠재적 오리엔탈리즘을 말이나 행동으로 표출한 것을 의미한다. 잠재적 오리엔탈리즘은 동양에 대해 서양인이 가진, 변하지 않는 고정관념이자 무의식적인 확신을 지칭한다. 서양과 달리 동양은 후진적이고 수동적인 특징을 가졌으며, 동양은 이국적이고 이질적인 대상이라는 것이다. 동양을 서양에 의해 교정되고 지배되어야 할 대상으로 보는 인식은 많은 서양인의 잠재의식에 내재해 있다.

앞서 살폈듯이, 이런 무의식은 코로나19와 같은 전염병이나 경제 위기, 미중 경쟁 격화 등 외적 자극이 주어지면 스멀스멀 고개를 들고 활개를 친다. 만약 백인 중심의 서구 국가가 서구 중심주의나 오리엔탈리즘과 같은 뿌리 깊은 반아시아적 세계관에 기대고 있지 않다고 상상해 보자. 전염병이 발생하거나 극우 정치인이 선동한다 해도 아시아인 혐오 현상이 이런 강도로 빈번히 발생하지는 않을 것이다.

사이드의 오리엔탈리즘에 대한 비판도 있다. 사이드는 팔레스타인에서 출생해 미국으로 이주한 이민자이다. 정진농(2003, 25, 26)은 오리엔탈리즘에 대한 사이드의 논의에서 이런 이력에서 비롯된 피해 의식적 어조가 보이며, 그가 논의하는 대상이 주로 중동, 즉 이슬람문화권에 국한되어 있다고 지적한다. 오리엔탈리즘에 대한 또 다른 비판은 서양이 동양을 열등하게만 보지는 않는다는 점이다. '빛은 동양에서'라는 표어에서 알 수 있듯이 서양인은 동양을 진리의 발상지, 지혜의 원천으로 간주하며, 동양의 정신과 문화를 흠모하고 구도적 동경심을 품는 태도도 존재한다는 것이다. 이런 비판들은 오리엔탈리즘은 머리 하나에 두 얼굴이 달린 야누스의 모습인데 부정적인 모습에만 초

점을 맞출 필요는 없다는 논지로 나아간다.

　그러나 이런 주장은 아시아인에 대한 혐오와 차별 현상을 설명하지 못한다. 동양을 흠모한다면서 왜 아시아인을 희생양으로 삼아 편견과 폭력을 가하는가? 서구 국가에서 동양인을 중심으로 '오리엔트'라는 용어를 사용하지 말자는 운동이 전개되었고, 미국에서는 그런 내용의 법률안이 통과되기도 했다. 오리엔트는 원래 '해가 뜨는 동쪽'을 의미하지만 서구에서는 동양인을 비하하는 말로 흔히 쓰이기 때문이다. 2002년 미국에서 신호범 전 워싱턴주 상원의원이 '오리엔탈 용어 사용 금지 법안'을 통과시켰는데, 이 법안은 동양계 미국인을 '오리엔트'라고 부르던 것을 '아시아인'으로 부르자는 것을 주요 내용으로 하고 있다. 2016년부터 연방 법규와 공문서에서 '오리엔트'라는 단어 사용을 금하고 '아시아인'이라는 단어를 사용하도록 했다. 이런 사례는 오리엔탈리즘이라는 신념 체계에 동양에 대한 긍정적인 차원이 거의 존재하지 않음을 시사한다.

　앞서 살폈듯이 코로나19가 중국에서 발원했다는 이유로 중국인과 아시아인에 대한 혐오 행위가 증가한 것은 흑사병 시대와 데칼코마니처럼 비슷하다. 흑사병이 발발하자 서유럽인들은 흑사병이 북아프리카와 중동 등 이슬람 세계에서 왔다고 믿어 이 질병을 '오리엔트 역병' 또는 '레반트Levant 역병'이라고 불렀으며, 19세기 유럽에서 콜레라가 확산되었을 때도 유럽인들은 이를 '아시아병'으로 불렀다(트럼프 전 대통령이 코로나19를 중국 바이러스나 쿵플루로 불렀듯이 말이다). 이처럼 역병이 오리엔트, 즉 아시아에서 왔다는 생각은 아시아에 대한 부정적 편견을 전제한다(장문석 2020, 27). 아시아가 전염병을 낳고 확산시키는 불결하고 열등하고 미개한 지역이라는 편견 말이다. 2000년대 중반 미국에서 유학 중일 때 점잖아 보이는 백인 할아버지가 진지한 표정으로 "한국에 변기가 있느냐"고 물어 당황한 적이 있다. 그들 눈에는 한국이라는 아시아의 작은 나라가 2000년대에도 여전히 제대로 된 화장실 시설도 없는 곳처럼 보인다는 사실에 충격을 받았다. 반대로, 한국 사회에 백인 중심 서구 국가들에 대해 더럽고 무지하고 야만적인 곳이라는 인식이 존재하는가? 나는 그렇지 않다고 생각한다.

내가 만난 노인이나 우리 이웃인 보통 사람도, 정치 지도자도 오리엔탈리즘적 세계관이 있다. 트럼프가 쏟아 낸 아시아 혐오 발언도 그가 오리엔탈리즘적 세계관으로 아시아를 보고 있음을 알려 준다. 캐나다 총리 쥐스탱 트뤼도Justin Trudeau 역시 오래전 코스튬 파티에서 얼굴을 검게 칠하고 중동의 전통 의상을 입고 찍힌 사진으로 큰 곤욕을 치렀다(아가왈 2021, 119).

이른바 블랙 페이싱blackfacing★을 한 것인데, 트뤼도의 사례

★ 원래 비흑인 배우가 흑인을 흉내 내고자 얼굴을 검게 칠하고 입술을 과장해 표현하는 무대 분장을 뜻하는 것으로 서구에서는 인종차별 행동으로 간주한다. 2013년 오프라 윈프리Oprah Winfrey가

는 오리엔탈리즘이 얼마나 무의식적으로 집요하게 이어지는지를 잘 보여 준다. 트뤼도는 알라딘 복장을 하고 있었는데, 서구 대중문화에서 중동은 신비로우나 후진적인 야만의 세계로 그려진다. 예를 들어, 디즈니 영화 〈알라딘〉의 주제가에는 "얼굴이 마음에 안 들면 귀를 잘라 버리는 잔혹한 곳이지만, 여기가 우리 집이야"라는 내용이 있다(아가왈 2021, 119). 아랍은 마음에 안 든다고 상대방의 귀를 잘라 버리는 미개하고 잔인한 곳이라는 서구의 편견을 그대로 드러내 인종차별적이라는 비난을 받고 최근에 수정이 되었다.★★

스위스 도심의 고급 매장인 트루아 폼므Trois Pomme에서 직원에게 진열된 가방을 보여 달라고 했다가 거절당하는 일이 있었다. 윈프리가 방송에서 이 경험을 공개한 뒤에, 스위스 방송 SRF의 한 코미디 프로그램에서 백인 여성 코미디언이 얼굴을 검게 칠하고 가방 가게에서 "아, 우비비비" 같은 소리를 내며 소란을 피우는 장면을 연출했다가 흑인을 조롱하는 전형적인 블랙 페이싱으로 비난받기도 했다. 우리나라에서도 블랙 페이싱을 한 채 연기하는 코미디언이 종종 있었고, 대중은 이를 인종차별적이라고 인식하지 못했다. 최근 의정부고등학교의 이른바 '관짝소년단' 패러디 논란에서 볼 수 있듯이 블랙 페이싱에 대한 인식은 서서히 달라지고 있다.

★★ 1992년 영화에 수록된 〈아라비안 나이트〉Arabian Nights의 가사는 "Where they cut off your ear/ If they don't like your face/ It's barbaric, but hey, it's home"이었다. 인종차별적 가사로 문제가 되자, 2019년 개봉작에는 해당 표현이 삭제되고 "Where you wander among/ every culture and tongue/ It's chaotic, but hey, it's home"으로 개사되었다.

오리엔탈리즘은 동양에 대한 서구 중심의 일방적이고도 부정적인 세계관이다. 이런 오리엔탈리즘에 기반한 가치관이 서구 문화의 근저를 이룬다. 흑사병, 콜레라, 선페스트, 코로나19 등 각 시대마다 발생한 전염병에도 오리엔탈리즘 담론이 작동하며, 이것이 바로 아시아인 혐오 현상의 중심축을 이룬다.

3.

인종주의

인종주의는 서구 중심주의와 함께 아시아인 혐오 현상의 공범이다. 인종주의는 서구 중심주의 및 오리엔탈리즘과 동일한 개념은 아니다. 그러나 자신을 중심으로 남을 평가하고 타인을 자신보다 열등하다고 간주한다는 점에서 서구 중심주의 및 오리엔탈리즘은 인종주의를 합리화하고 지탱하는 근거로 종종 사용되었다(박경태 2009, 45). 인종주의란 어떤 개인이나 집단의 생물학적 특징을 본질적인 요소로 간주해 인종 사이에 우열이 있다고 믿게 하며, 그에 따른 차별과 예속을 정당화하는 신념 체계다. 인종주의에 따르면 아시아인은 백인보다 열등한 인종이고, 따라서 혐오와 편견의 대상으로 삼아도 된다.

인종은 미국 사회를 이해하는 데 꼭 필요한 요소다. 미국의 자본주의 발달은 노예제도, 아시아인의 노동력, 아메리카 원주민의 땅이 있어서 가능했는데, 흑인을 노예화하고 아시아인에게 값싼 노동력을 제공받고 원주민의 땅과 생명을 빼앗는 것을 정당화하는 논리도 인종주의가 제공했다. 즉, 세계 최대 경제대국인 미국의 경제 발전은 백인 우월주의 및 소수 인종 착취와 밀접한 관계가 있다.

인종 개념은 얼마나 오래되었을까? 꽤 오래전에 등장했다고 생각하기 쉽지만 의외로 최근인데, 바로 16세기 대항해시대 개막과 맞물려 있다. 15~17세기에 세계에서 이른바 '지리상의 발견'이 이루어졌고, 이후 점차 많은 유럽인이 아프리카 사람들을 만나면서 자신들이 아프리카인들과 구별되는 '백인'임을 깨닫게 된다(박경태 2009, 14). 이 과정에서 서서히 인종이 사람을 구별하는 기준이라는 생각이 싹텄다. 인종이 신체적 특징, 특히 피부색에 따라 인간을 분류하는 기준으로 확고히 자리 잡은 것은 18세기 이후였다. 미국의 경우 17세기 후반부터 노예제가 확산되었는데, 담배 재배 농가들 사이에 경쟁이 격화되며 더 값싼 노동력을 원했던 데다가 영국인 계약제 고용인을 더는 구할 수 없었기 때문이다. 또한 영국과 네덜란드의 노예 상인들이 사업을 확장한 것도 노예제를 확산시켰다. 그러나 노예제도가 정착될 당시만 해도 인종 이론은 정립되지 않은 상태였다. 보편 이성을 강조한 18세기 계몽주의 사상가들은 백지상태로 태어나는 인간을 교육과 환경을 통해 이성적이고 현명한 존재로 만들 수 있다고 믿었다. 이런 시대적 특성상 백인의 인종적 우월성을 강조하는 이론이 뿌리내리기 쉽지 않았다. 인종별로 저마다 지능과 자질을 타고난다고 믿는 인종주의 이론은 보편 이성을 강조하던 시대의 계몽주의 철학자들에게는 받아들이기 어려운 것이었다. 만약 인간이 백지상태로 태어나지 않는다면 보편적 진보에 대한 낙관적 전망도 타격을 받게 되기 때문이다.

그러나 이런 계몽주의 낙관론은 19세기 들어 사라지기 시작했고, 점차 흑인은 태생적으로 열등하기에 후천적인 교육이나 환경 변화도 이들을 개선할 수 없다는 믿음이 널리 퍼졌다. 특히 유럽보다는 아메리카에서 인종주의가 급속히 확산되었다. 유럽은 출생에 따른 신분 차별이 존재하는 사회였으나 아메리카는 백인 간에 차별이 없었고 단지 피부색이 하얗다는 사실 하나만으로 흑인이나 원주민을 착취하는 특권을 향유할 수 있었기에 인종주의가 한층 쉽게 자리 잡았다(박경태 2009, 14, 15). 신대륙에서 인종주의는 원주민의 땅과 생명을 강탈하고★ 흑인을 노예

★ 영국인보다 스페인인과 프랑스인이 원주민과 더 우호적인 관계를 맺었다. 토머스 고셋Thomas F. Gossett은 그 이유를 다음과 같이 이야기했다. 첫째, 스페인과 영국이 만난 원주민은 성격이 달랐다. 서부 개척 지대에 살던 북미 원주민은 강하고 사냥에 능해 위험하다고 인식되었으나, 멕시코, 카리브해 섬 지역, 남미 등의 원주민은 대체로 사냥꾼이 아니라 농부였다. 이들은 마을이나 도시에 정착해 생활했고 전쟁에 능숙하지 못했다. 스페인인이 원주민을 온화한 인물로 종종 묘사하는 것도 남미 원주민은 이런 특징 탓에 쉽게 정복당했기 때문이다. 둘째, 프랑스인은 정착이 목적이었던 영국인과 달리 장사를 위해 아메리카로 왔다. 따라서 토지를 빼앗아 원주민의 생활을 불가능하게 만든 영국인보다 더 환대를 받았다. 셋째, 루소에 의해 이상화된 낭만적 원시인상인 '고상한 야만인' 전통

로 예속시키는 것을 합리화하는 이데올로기로서 매우 매력적이었고, 또 필요했다.** 지배 집단은 피지배 집단보다 더 많은 권력과 자원을 소유한다.*** 피지배 집단은 이런 상황에 불만을 품고 지배 집단에게 개선을 요구할 수 있다. 지배 집단은 피지배 집단에게 자신들이 왜 더 많은 것을 가졌는지 그 이유와 정당성을 보일 필요에 직면한다. 이때 사용되는 논리가 인종주의다. 지배 집단은 피지배 집단이 열등하기에 지배 집단에게 지배받을 수밖에 없다고 주장한다. 이런 주장은 사회 전반에서 지속적으로 주입되고, 사회화 과정을 거쳐 전승된다. 18세기 이래 서구의 지배 계층은 인종주의에 의탁해 대내적으로 백인 중심의 위계적 사회질서를 구축해 왔으며, 대외적으로는 비서구 세계의 식민 지배를 정당화했다(신문수 2009).

이 주로 라틴계 국가에서 생겨났다. 백인이 열대 지역 원주민을 만나면서 시작된 전통인데, 영국 식민지가 있는 북아메리카에는 낙원이라고 할 만한 기후가 없었던 반면, 스페인의 경우 남미는 낙원에 걸맞은 기후였기에 원주민과 더 우호적인 관계를 조성할 수 있었다(고셋 2010, 57~59).

★★ 먼저 착취가 발생했고 이후 그 착취를 정당화하고자 인종 이데올로기를 만들었다. 즉, 흑인에 대한 편견 때문에 그들을 노예로 착취한 것이 아니라 먼저 노예로 삼고 그 후 인종주의를 만든 것이다. 타네히시 코츠Ta-Nehisi Coates는 이를 강조하기 위해 "인종은 인종주의의 자식이지 그 아버지가 아니다"라고 말했다(코츠 2016).

★★★ 인종주의를 권력관계를 중심으로 설명한 것은 박경태(2009)를 참고했다.

백인 중심의 서구 사회에 인종주의가 널리 퍼진 데는 세 가지 조력자가 있었다. 바로 종교, 과학, 법인데, 이들의 도움으로 인종주의는 사람들의 마음과 머리, 문화, 그리고 제도 전반에 뿌리내렸다.

인종주의의 첫 번째 조력자 : 종교

인종이 신격화된 이면에는 종교의 도움이 컸다. 종교는 비서구인에 대한 억압을 신학적으로 정당화했다. 백인은 하느님이 창조한 온전한 인간인 반면, 흑인·원주민 등 비백인은 야만인이고 미개한 존재라고 주장했다. 더 나아가 목회자들과 신학자들은, 비백인은 어쩌면 이성과 영혼이 없는, 그래서 인간이 아닐지도 모른다고 믿었다. 특히 미국 남부 교회 목회자들은 흑인의 비인간화를 시도해 노예제의 지지 기반을 돈독히 하는 데 큰 역할을 했다. 이들은 흑인을 인간 이하의 존재로 묘사했는데, 백인은 신에 의해 생래적 주인으로 점지되었으나 흑인은 에덴동산의 뱀처럼 죄악의 선조라고 설교했다. 이 지점이 '만인이 평등하다'는 기독교 교리와 인종주의가 손을 맞잡는 부분이다(박경태 2009, 69, 70). 기독교인은 교리에 따라 다른 사람들을 불평등하게 대해서는 안 된다. 그런데 만약 불평등을 당하는 존재가 '인간'이 아니라면 종교 평등주의와 모순되지 않는다. 따라서 흑인을 '인간 이하의 존재' 또는 '인간과 유인원 사이에 있는 존재'로 간주함으로써 기독교는 이 충돌을 손쉽게 피해 갈 수 있었다.

인종과 관련해 가장 대표적으로 성경을 왜곡해 해석한 사례가 '함의 저주' 이야기다. 성경의 「창세기」에 따르면 노아가 술에 취해 벌거벗고 있는데 노아의 아들 함이 이 모습을 보고 조롱해 신의 분노를 샀다고 한다. 그래서 함의 아들 가나안과 그자손들은 종이 되는 저주를 받았는데, 나중에 이를 아프리카인이 함의 후손이고 신의 저주가 흑인에게 내려졌으므로 그들을 노예로 삼는 것은 정당하다는 논리로 발전했다(그러나 성경에는 함이 흑인이라는 언급이 어디에도 없다). 미국 남부 교회의 목회자들은 이 논리 그대로 설교했다. 이는 당시 성직자들이 사회적 이해관계에서 자유롭지 않았고 남부 대농장주 등 백인 지배 계층과 이해관계를 공유했던 모습을 잘 보여 준다(Scherer 1975, 64; Smedley 2007, 152; 진구섭 2020에서 재인용).

인종주의의 두 번째 조력자 : 과학

인종에 대한 종교적 논의를 뒤이은 것이 과학이다. 여기서 잠깐 쿠 클럭스 클랜Ku Klux Klan(이하 KKK)에 대해 얘기하고 넘어가자. KKK는 1867년 미국 테네시주에서 결성된 반흑인 비밀

결사인데, 흑인들을 감시하고 협박하는 활동을 주로 하다가 이후 비미국적 가치관을 지닌 이민자, 유색인종, 가톨릭교도, 유대인 등을 대상으로도 끔찍한 린치를 가한 단체로 악명이 높다. 단원들이 다른 인종을 위협하고 자신들의 신분을 위장하려고 썼던 하얀 고깔모자는 이 단체의 상징이 되었다. 1900년대 초반 단원 수는 450만 명에 달했으며, 1950~60년대 흑인 인권 운동에 저항하는 활동을 했다. 오늘날 그 세력은 크게 줄어들었으나, 여전히 백인 우월주의 집단은 여러 지역에 흩어져 점조직 형태로 활동하고 있다.

흔히 우리는 인종차별주의자라고 하면 하얀 망토를 쓰고 흑인에게 무차별적인 린치와 폭력을 가한 KKK 회원과 같은 광신도를 상상하기 쉽다. 그러나 꼭 그렇지만은 않다. 당시 인종주의를 주장한 사람들 가운데는 우리도 익히 알고 여전히 존경받는 학자 및 정치인이 있었다. 그들은 사람이 인종에 따라 구분되고 인종별로 지능과 능력이 다르다고 믿었다. 또한 인종에 대해서는 객관적이고 이성적인 관점에서가 아니라 지극히 주관적이고 비이성적인 논조로 말하곤 했다. 인종주의 역시 광기나 편견의 우발적인 표출 또는 억압의 은유가 아닌, 보수주의·자유주의처럼 독특한 구조와 담론 양식을 갖춘 완전하게 발달한 근대적 사상 체계로서 작동했던 것이다(나인호 2019, 9, 10).

예를 들어, 임마누엘 칸트Immanuel Kant가 있다. 칸트가 근대의 인종 개념을 체계화했다는 사실을 아는 사람은 많지 않다.[*]

그는 백인의 인종적 우수성을 확신했으며, 인류의 근원종이 백인이라고 생각했다. 황색의 인도인은 재능이 있을지 모르나 미미한 수준이며, 흑인은 이보다 훨씬 못하고, 가장 열등한 인종은 인디언Indian**이라고 보았다. 칸트는 비백인종에게는 야만 상태에서 벗어나 문명을 이룰 능력이 없다고 보았다. 그의 본질주의 인종관은 나중에 나치 독일이 유대인 학살을 정당화하는 데 동원되기도 했다. 그런데 이런 인종주의는 그가 주창한 또 다른 사상과 전면적으로 배치된다. 칸트는 인류 전체를 하나의 세계에 속한 시민으로 보는 사해동포주의 및 만인 평등사상의 주창자다. 그는 영구평화론을 주장하며 중앙아프리카와 아메리카 등지에서 벌어지는 원주민에 대한 억압과 착취를 비판했다. 물론 개인의 생각과 말, 행동의 모든 측면이 논리 정연할 수는 없겠지만, 위대한 철학자로 칭송받는 칸트는 사해동포주의부터 맞은편 극단에 있는 인종주의에 이르기까지 논리적 모순의 편차가 매우 크다.

★ 칸트와 인종주의의 관련성은 신문수(2009, 115)를 참고했다.

★★ 인디언이라는 호칭은 원래 크리스토퍼 콜럼버스가 아메리카를 인도로, 원주민을 인도인으로 오인한 데서 비롯되었다고 알려져 있다. 지칭하는 대상이 불확실하며 경멸하는 의미가 있다는 이유로 영어권에서는 '아메리카 원주민'Native American이라는 호칭을 일반적으로 사용한다. 이 책에서는 인용문인 경우 원문 표기를 따라 인디언으로, 그 외의 경우에는 (아메리카) 원주민으로 적는다.

널리 알려진 프랑스의 계몽주의 사상가 몽테스키외 역시 인종차별주의자였다. 그는 흑인의 까만 몸에 선량한 영혼이 들어 있다고는 도저히 상상할 수 없다며(몽테스키외 2007, 214), 흑인을 노예로 부리는 것을 당연하다고 보았다. 그에게 피부색은 인간성의 본질이었다. 또한 아시아에 대해서도 유럽에 비해 열등하며 예속적인 상태에 있다고 보았다.

저명한 사상가들의 내적 모순은 그 당시 인종주의의 열렬한 주창자였던 지배 계층에서도 종종 발견된다. '건국의 아버지'로 불리며 미국 독립혁명의 주역이자 미국 제3대 대통령을 역임한 토머스 제퍼슨Thomas Jefferson이 또 다른 예이다. "모든 인간은 동등하게 창조되었다"All men are created equal라는 문구로 유명한 독립선언서를 기초한 그는, 버지니아주에서 가장 많은 200여 명의 흑인 노예를 소유한 백인 대농장주였다. 백인 우월주의를 믿었고, 흑인은 신체와 정신 모두 백인보다 열등하며 지적 성장이 불가능하다고 여겼다. 그는 노예들이 작물을 훔쳐 가지 못하도록 밭 주위에 약 4미터 높이의 담장을 세우기도 했고, 노예들을 혹독히 채찍질하게 했으며, 탈출을 막기 위해 글자 공부를 금지했다. 또한 자신이 소유한 젊은 흑인 노예 샐리 헤밍스Sally Hemings와 관계를 맺고 둘 사이에 여러 명의 자식을 두었다는 소문에 시달렸다. 200여 년이 흐른 뒤 디엔에이DNA 기술이 발달해 이 소문이 결국 사실로 밝혀져 많은 미국인들에게 충격을 안기기도 했다. 제퍼슨은 헤밍스는 물론 그 사이에서 낳은 자식들도 노예 신분으로 묶어 둔 것으로 알려졌다.

에이브러햄 링컨Abraham Lincoln 역시 흑인은 본래 열등하게 태어났다고 믿었다. 노예제도를 반대하기는 했으나 흑인에게 시민권을 부여하는 것이 맞는지 확신하지 못했고 평등권의 획득은 불가능하다고 보았다. 윈스턴 처칠Winston Churchill도 "나는 인도인을 증오한다. 그들은 짐승 같은 종교를 가진 짐승 같은 민족이다"라고 말한 바 있다.

학자와 정치인을 비롯한 사회 지도자의 사상적 모순은 그 사회에 내재한 모순을 반영한다. 미국을 비롯한 서구 국가들은 인간은 모두 평등하게 태어났음을 전제하고 자유·행복·평등을 추구할 권리를 보장하는 민주주의 정치체제를 최초로 도입한 국가들이지만, 여전히 인종 갈등이 첨예한 사회문제로 남아 있다. 아시아인 혐오 현상이 오랜 민주주의 역사를 가진 서구 나라들에서 발생하고 있다는 사실은 이런 내재적 모순이 21세기에도 여전하다는 점을 시사한다.

다시 이야기로 돌아가면 학자들, 특히 과학자들은 과학적 사상과 이론으로 무장된 인종차별주의적인 글을 발표했고, 이는 인종차별주의를 공고화하는 데 큰 역할을 했다. 과학자들은 인종 집단 간 생물학적 우열이 사회적 우열로 이어졌음을 과학적으로 입증하려 했다. 대표적인 이론 가운데 하나가 '존재의 대사슬'Great Chain of Being 논리다. 이는 창조주가 세상의 모든 생물을 서열에 따라 배열될 수 있게끔 창조했다는 것이다. 이 서열에서

작가 : Didacus Valades
자료 : Apud Petrumiacobum Petrutium

존재의 대사슬

1579년에 발표된 작품으로, 신에 의해 선언된 모든 물질과 생명에 대한 위계 구조를 표현하고 있다. 우주의 모든 구성 요소는 신이 창조한 위계적 원리에 따라 질서 있게 배열되어 제자리를 지켜야 한다는 당시의 믿음이 엿보인다.

맨 상층에는 하느님이, 그 밑에는 천사, 그다음에는 인간이 있다. 인간의 아래에는 동식물이 있다. 이 논리는 18세기 후반 유럽과 미국의 생물과학계를 지배한 일종의 사이비 과학으로서, 학자뿐만 아니라 평범한 일반인에게도 널리 퍼진 문화적 사조이다. 이런 새로운 신념 체계가 확산된 데는 인쇄·출판업 발달도 적잖이 기여했다. 18세기 들어 많은 소설·여행기가 발표되고 신문·잡지 등의 매체가 폭발적으로 증가하면서 인쇄 문화가 발달했는데, 이는 신세계의 발견으로 새로운 세상에 대한 정보가 제공되고 인간이라는 존재에 대해 알고자 하는 지적 욕구와 맞물리면서 인종에 대한 학문적 체계화를 이끌었다. 이제 인종주의는 소수의 지배계급에만 국한된 것이 아니라, 일상적인 문화 담론으로 서서히 자리 잡았다.

'존재의 대사슬' 논리는 언뜻 들으면 세상의 이치를 설명한 그럴듯한 패러다임으로 들리는데, 이 논리를 과학자가 인간 집단에 적용하면서 인종차별 수단으로 작동했다. 흑인과 유인원의 연관성에 대한 논의가 대표적인데, 과학자들은 흑인이 이 존재의 대사슬에서 사람보다는 오히려 짐승에 더 가까운 존재라고 주장했다. 흑인은 인간과 동물 사이, 어쩌면 인간보다는 동물에 더 가까운 존재이기에 선천적으로 열등하며 따라서 노예로 적합하다는 것이었다. 안타깝게도 흑인과 유인원의 연관성 신화는 지금도 강력하게 지속되고 있다. 미국 경찰은 흑인과 관련된 사건을 '비인간 사건'No Humans Involved, NHI*이라는 약칭으로 불렀다(에버하트 2021, 172). 또한 버락 오바마Barack Obama 미국 대통령 가족은 임기 내내 유인원이라 불리며 조롱당했다. 구글에서 미셸 오바마Michelle Obama를 검색하면 그녀의 얼굴과 원숭이의 얼굴을 합성한 사진이 나와 인종차별적이라는 비난이 일자 구글이 사과한 적도 있으며, 2016년 웨스트버지니아주 소도시 클레이의 시장 베벌리 웨일링Beverly Whaling이 미셸 오바마를 '하이힐신은 원숭이'에 비유한 글에 호응해 논란이 일자 사임하는 일도 있었다. 또한 캘리포니아 오렌지카운티에서 한 공화당원이 다른 당 지도자에게 전자우편으로 오바마와 그의 부모가 찍은 가족사진을 전송했는데, 두 마리의 고릴라가 오바마의 얼굴을 합성한 아기를 안은 사진이었다.

흑인과 유인원의 연관성을 주장하는 대표적인 몇몇 학자를 소개하려 한다. 영국 의사인 찰스 화이트Charles White(1728~1813년)는 복수 인종설을 옹호했는데, 그는 『인류의 규칙적인 단계에 관한 설명』에서 인간종은 존재의 대사슬 안에 위계적으로 배열

★ 미국 경찰 내에서, 하위 계층에 속한 사람들이나 유색인종이 연루된 사건으로 고려할 가치가 크지 않은 사건을 비공식적으로 칭하는 말로, 지금도 이 용어가 사용되는지를 확인하기는 어렵다. 다만, 후술하겠지만 2020년 5월 무장하지 않은 흑인 남성 조지 플로이드George Floyd를 백인 경찰인 데릭 쇼빈Derek Chauvin이 약 9분간 무릎으로 짓눌러 숨지게 한 사건처럼 유색인종을 대상으로 한 백인 경찰의 인종차별적인 사건 처리가 계속되고 있다는 점에서 유사한 관행이 지속되는 듯하다.

되어 있다고 주장했다(White 1799). 그는 자연은 존재의 사슬을 보여 주는데, 아주 작은 생물부터 인간에 이르기까지 전체 체계의 서열 내에서 자신의 위치에 적합한 다양한 능력이 각각 주어졌다고 주장했다. 이런 논리는 인간 집단에 적용되어 흑인은 백인과 다른 서열을 부여받았고, 흑인은 백인과 유인원 가운데에 위치해 백인보다는 유인원에 더 가까운 존재라는 주장으로 이어졌다. 그는 흑인 50명을 조사한 결과를 가지고 아프리카인은 다른 어떤 인간 종보다 동물에 가깝고 흑인이 가진 몇 안 되는 장점인 뛰어난 후각과 소리 기억력은 개와 말에 더 적합하며, 검은 피부는 그들의 원시성을 증명한다고 주장했다.

프랑스 외교관 겸 작가인 조지프 아르튀르 드 고비노Joseph-Arthur de Gobineau(1816~82년)도 당대 인종차별주의를 확고히 하는 데 큰 역할을 했다. 고비노는 1853년에 출간된 저서인 『인종 불평등론』The Inequality of the Human Races에서 인종을 백인종, 황인종, 흑인종 세 유형으로 분류했는데 그에 따르면 백인종은 가장 위대한 남성 인종이며 사고하는 힘을 가졌다. 백인종은 지성이 우월하며 자유를 사랑하고 명예를 중시하는 반면, 흑인종과 황인종에게 명예라는 것은 전혀 관련이 없는 개념이다. 고비노에게 황인종과 흑인종은 모두 백인종보다 열등한 존재이나, 황인종이 흑인종보다는 우월한 위치에 있다. 그가 주장한 황인종의 특성을 나열하면 다음과 같다.

- 다른 인종보다 비만 성향이 더 강하며 육체적으로 허약해 수동적이다.

- 흑인처럼 방탕하지 않고, 한결같고 조용한 감각을 갖고 있다.

- 모든 측면에서 중간적 성향을 보인다.

- 이해력은 너무 뛰어나지도 모자라지도 않으며 실용적인 성향이 있다.

- 규칙을 존중한다.

- 발명 능력이 거의 없고, 단지 이익만을 생각하고 안락함을 추구한다.

따라서 고비노에 따르면 황인종은 훌륭한 지도자는 아니지만 훌륭한 추종자는 될 수 있기에, 지도자들은 사회의 근간이 되는 중산층이 황인종과 같은 사람들로 구성되기를 바랄 것이라고 주장했다. 아시아인을 백인보다는 열등하지만 흑인보다는 우월한 '중간적' 위치에 놓는 그의 주장은 훗날 1960년대 미국에서 제기되는 '모범 소수민족 신화'로 이어지며 백인 중심 사회에서 아시아인이 처한 애매한 위치를 고착화한다. 어찌 됐든 고비노에게 황인종과 흑인종은 둘 다 '여성적' 인종으로, '남성적' 인종인 백인의 지배를 받아 마땅한 인간 집단이다.

인종주의적 믿음은 단순히 주장에 그치지 않고 다양한 실험으로 뒷받침되었다. 가장 인기 있던 것 가운데 하나는 두개골이나 이마의 각도를 측정해 뇌의 용량을 알아내는 방법이었다. 이를 통해 아시아인이나 흑인은 백인보다 두개골 용량이 작고, 이마 각도가 유인원에 가까워 지적 능력이 떨어진다고 주장되었다. 해부학자 새뮤얼 조지 모턴Samuel George Morton(1799~1851년)의 두개골 연구는 매우 방대했다. 1820~30년대에 모턴은 각기 다른 지역 사람들의 두개골을 대량으로 수집해 인종 간 용량 차이를 비교했다. 그는 두개골이 클수록 평균 지능이 높다고 생각했다. 그런데 두개골 용량을 어떻게 측정하느냐가 문제였다. 모턴은 두개골을 촘촘하게 채울 만한 물질로 두개골을 채운 다음, 실린더에 이 물질을 부어 용량을 쟀다. 여기에는 작은 총알, 하얀 후추 씨 등이 사용되었는데, 측정이 생각만큼 쉽지는 않았다. 두개골의 열린 부분을 어떻게 닫을지, 채우기를 언제 멈출지에 대한 표준화된 방법을 찾을 수 없었기 때문이다. 모턴은 이 실험을 하면서 매 회차의 측정 결과가 다르다는 것을 알고 조교를 여러 명 해고했다고 한다(고셋 2010, 120). 조교가 부주의해 측정할 때마다 결과가 다르게 나온다고 생각했으나, 나중에 조교의 부주의 때문이 아니라는 사실을 알게 된 뒤에도 두개골 용량과 인종의 연관성을 찾는 작업을 계속했다고 한다. 1840년에 그는 측정 결과를 발표했는데, 영국인 두개골의 평균 용량이 1.57리터로 가장 크고, 그 뒤로 미국인과 독일인이 둘 다 1.47리터로 나타났으며, 목록의 아래쪽에는 흑인(1.36리터), 중국인(1.34리터), 인디언(1.29리터)이 있었다(Gould 1978, 503~509). 결과는 백인은 지적 능력이 우수하고 아시아인, 흑인, 인디언은 열등하다는 결

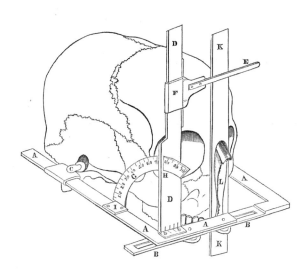

얼굴 측각기

1839년 출간된 새뮤얼 조지 모턴의 책, 『아메리카 두개골』*Crania Americana* 에 실린 삽화로, 얼굴 부위의 각도를 재는 데 사용된 도구이다.

론으로 이어졌다.

그런데 두개골을 측정하는 방법이 5000여 가지가 된다는 연구 결과가 나오는 등 측정 방법을 둘러싼 논란이 계속되자 두개골 측정을 통한 인간 집단 구분은 거의 불가능한 작업으로 인식되었다. 1880년대에 들어서면 두개골 측정은 인종을 구분하는 정확한 방법이 될 수 없다는 것이 학자들 사이에서 공공연하게 인정되었다. 그러자 학자들은 두개골이 아닌, 인간의 다른 신체 부분으로 인종 구분을 시도했다. 머리카락 구조도 그중 하나였는데, 예를 들어 피터 브라운Peter A. Brown은 흑인의 머리카락이 백인과 달리 양털과 유사하기에 흑인과 백인이 서로 다른 종에 속한다고 주장했다. 심지어 인간의 몸에 기생하는 이도 인종 간 차이를 입증하는 기준으로 간주되기도 했다. 앤드루 머리Andrew Murray라는 영국 학자는 특정 인종에 기생하는 이는 다른 인종의 몸에는 기생하지 못한다고 주장했다(고셋 2010, 127~129).

두개골, 머리카락, 나아가 지능IQ 검사도 인종차별주의를 뒷받침하는 도구로 사용되었다. 미국에 갓 도착한 이민자에게 나무로 된 직소 퍼즐을 맞추게 하는 지능검사를 실시했고, 시간 내에 맞추지 못한 사람은 지적 장애가 있다고 간주했다. 그리고 1915년에는 이 검사를 통과하지 못한 사람을 본국으로 돌려보내는 연방법도 시행되었다. 학자들은 지능검사를 근거로 아시아인을 비롯한 신이민자들이 미국 전체의 지적 수준을 낮추고 있다고 주장했다. 더 나아가 열등한 아시아인이나 남부 및 동남

유럽인은 출생률이 높기 때문에 이들을 시급히 통제해야 한다고 선동했다. 통제하지 않는다면 미국은 잡종의 나라로 변질될 것이라는 경고와 함께 말이다(손영호 2003, 67). '깨끗한 피'를 지킨다는 명분하에 1924년에는 단종법이 제정되어 신체장애인, 정신장애인, 뇌전증 환자 등 6만 명에 이르는 사람들이 강제로 불임수술을 받았다. 단종법은 1967년까지 계속되었다.

인종 차이를 구분하려는 집착은 그 뒤로도 이어져 1901년 발견된 혈액형도 이용되었다. 독일의 학자 루트비크 히르슈펠트 Ludwick Hirschfeld와 한카 히르슈펠트 Hanka Hirschfeld는 1919년 의학 전문지 『랜싯』 The Lancet에 「상이한 인종 간 혈액의 혈청학적 차이 : 마케도니아 전선에서의 조사 결과」 Serological Differences Between the Blood of Different Races: The Result of Researches on Macedonian Front라는 논문을 게재했다. 여기에서 히르슈펠트 부부는 B형에 비해 A형이 진화된 형태라는 가설에 따라 백인종일수록 A형 출현 빈도가 높고, 유색인종일수록 B형 출현 빈도가 높을 것으로 예측했다. A형 인자가 있는 사람의 수를 B형 인자가 있는 사람의 수로 나눈 '인종 계수'라는 수치를 개발했는데, 인종 계수를 계산해 보니 백인이 비백인보다 수치가 높았다. 영국인 4.5, 프랑스인 3.2, 이탈리아인 2.8, 독일인 2.8, 오스트리아인 2.5 등으로 백인은 높은 인종 계수를 보였다. 반면 유색인종은 백인보다 수치가 낮았는데, 흑인 0.8, 베트남인 0.5, 인도인 0.5로 백인보다 최대 4가량 낮은 수치를 보였다. 또한 아라비아인은 1.5, 터

키인 1.8, 러시아인 1.3, 유대인은 1.3이었다. 이 결과를 바탕으로 히르슈펠트 부부는 인종 계수가 2.0 이상이면 '유럽형', 1.3~2.0은 '중간형', 1.3 미만은 '아시아-아프리카형'으로 분류했다. 서구 지식인 사회의 반아시아·반흑인주의를 재확인해 주는 연구 결과였다.

그런데 히르슈펠트 부부의 인종 계수는 우리나라와도 관련이 있다. 인종 계수가 일제의 식민사관을 강화하는 데 이용되었기 때문인데(정준영 2012, 513~549), 일본의 기리하라 신이치桐原眞一 교수팀은 히르슈펠트 부부의 조사 결과를 조선에 적용해, 조선에 거주하는 일본인의 인종 계수는 1.78로 '중간형'이지만 조선인은 전남(1.41)만 중간형일 뿐 평북(0.83), 경기(1.00), 충북(1.08) 등은 '아시아-아프리카형'에 속한다고 주장했다. 즉, 지리적으로 일본에 가까울수록 인종 계수가 높아지고, 평북처럼 일본과 멀어질수록 인종 계수는 낮아진다는 것이다. 조선의 평균 인종 계수는 1.07로 히르슈펠트 부부의 분류처럼 '아시아-아프리카형' 범주에 속했다. 이런 결과는 자연스럽게 조선보다 일본이 우월하고, 조선은 열등하므로 식민 지배를 당할 수밖에 없다는 식민지 사관으로 이어졌다.★

★ 박순영(2006)에 따르면, 조선인의 신체에 대한 일본의 체질 인류학적 연구는 한일 합병 이전부터 시작되어 식민 통치 기간 내내 지속적으로 이루어졌다. 특히 경성제국대학 의학부 해부학 교실이 중

이처럼 과학적 인종주의는 차이가 있어서 차별하는 것이 아니라 차별하기 위해 차이를 만들어 낸 것이었다(박경태 2009). 정확한 입증 과정을 생략한 우생학에 근거한 유사 과학은 인종주의를 돕는 지렛대 역할을 했고, 서구 문화의 핵심 부분으로 자리 잡았다.

인종주의의 세 번째 조력자 : 법

종교와 과학에 이어 법도 인종주의가 깊숙이 뿌리내리는 데 톡톡히 조력했다. 미국의 의회와 사법부는 노예제, 이민, 시민권, 인종 간 결혼 등을 다룬 여러 법규를 통해 인종이 사회적으

추적인 역할을 했는데, 조선인의 인종 특성을 연구해 일본인과 비교했으며 이를 통해 식민지 경영 및 군사 활동을 지원하는 역할을 충실히 수행했다. 특이하게도 서구 학자들의 경우 외견상 신체적 특질이 다른 인종을 연구 대상으로 삼은 반면, 일본 학자들은 인종적으로 일본인과 매우 유사한 조선인이 대상이었다. 따라서 서구에서 인종 간 지배-피지배 관계를 정당화한 인종주의와는 상반되어 보이는 일선동조론日鮮同祖論이 일제강점기의 체질 인류학자들이 내세운 주요 주장 가운데 하나로 형성되었다. 조선인과 일본인의 인종적 근접성에 기반한 일선동조론은 조선인의 독립적 정체성을 부정하고, 일본과 조선의 문화적 차이를 강조하며 조선의 후진성을 드러내는 이데올로기적 구호로 기능했다.

로 구축되는 데 큰 영향을 끼쳤다. 인종차별주의 법들이 제정되는 과정은 다음 장에서 자세히 설명하겠지만, 미국의 권력 구조는 백인 우월주의에 근거해 확립되었으며 이 과정에서 법이 비백인을 배제하는 울타리 역할을 했다.

19세기 중반부터 20세기 중반까지 인종 범주는 매우 유동적이었다. 일례로 법학자 존 위그모어John Wigmore는 "중국인은 백인이 아니지만 일본인은 확실히 백인이다"라고 확신에 차서 얘기하기도 했다(Wigmore 1894, 818; 진구섭 2020에서 재인용). 우리 눈에는 일본인이나 중국인 모두 백인이 아닌 것이 확실하지만, 얼마 전만 해도 미국 사회의 인종 기준은 매우 자의적이고 유동적이었던 것이다. 그런데 미국에서 '누가 백인인가'라는 질문은 '누가 미국인인가'와 밀접하게 연관되었다. 1790년 미국에서 최초로 제정된 〈귀화법〉Naturalization Act of 1790은 '자유 백인'을 미국 시민권 획득의 조건으로 규정했다. 그 뒤 여러 번 개정되었음에도 '백인'이라는 문구는 1952년까지 유지되었다. 즉, 법적으로 백인 범주에 들어야 미국인이 될 수 있었다. 따라서 많은 아시아인이 법원에 자신들이 백인인지 여부를 판정해 달라고 요청했다. 이런 재판을 시민권 취득에 요구되는 '인종 선행조건' 재판*이라고 하는데, 시민권 획득과 관련한 법적 분쟁의 핵심은 개

★ 역대 인종 선행조건 재판 사례는 진구섭(2020, 269~279)에 자세히 정리되어 있다.

자료 : The Pioneer Courthouse

다카오 오자와

인의 '백인성' 여부를 판단하는 것이었다. 판사들은 통념과 과학적 증거라는 두 가지 기준으로 판결을 내렸는데, 그 판결이 일관적이지 않고 상황에 따라 달라졌다.

미국 시민이 되고자 자신들이 백인임을 주장해야 했던 아시아인 세 명의 이야기를 들어보자.

다카오 오자와Takao Ozawa는 일본에서 태어나 1894년 캘리포니아로 이주했다. 그는 1922년 하와이 법원에 시민권 신청을 하면서 이렇게 주장한다.

나는 미국에 완전히 동화된 이민자다. 미국에서 20년을 거주했고, 캘리포니아에서 고등교육을 마쳤다. 내 자녀도 모두 미국에서 정규 학교 교육을 받았고 전문 분야로 진출해 성공적으로 활동하고 있다. 집에서도 가족끼리 영어를 사용하고 있으며 개신교 교회에 나가고 있다.

이 정도면 문화적으로 완전한 미국인이 아닐까? 오자와는 피부도 매우 하얘 백인처럼 보였음에도, 하와이 법원은 오자와가 일본에서 태어난 일본인이기에 시민권을 받을 자격이 없다고 판단했다. 오자와는 연방 법원까지 가서 자신이 백인임을 주장했으나 법원은 동아시아인은 과학적으로 몽골계로 분류되며 코카시아인종이 아니므로 백인이 될 수 없다고 판정했다. 따라서 시민권을 발급할 수 없다는 것이었다. 오자와 판결은 백인의 자격

자료 : South Asian American Digital Archive

바갓 싱 신드

은 인종 구분상 코카시아인종에 한정되며 문화적 동화나 피부색과는 무관하다는 논리가 적용되었다.

그런데 이 논리는 신드 판결에서 뒤집어진다. 1923년 바갓 싱 신드Bhagat Singh Thind가 시민권을 신청했다. 1913년 미국으로 이주한 인도계 이민자이며 제1차 세계대전 때 미군으로 복무했던 신드는 오자와와는 달리 인류학적으로 코카시아인종 범주에 드는 아리아인이었다. 오자와 판결의 논리가 그대로 적용된다면 신드는 학문적으로 명백한 코카시아인종이고 백인이니 시민권이 발급되어야 했다. 그러나 신드의 시민권 요청은 거절당했다. 신드는 자신이 인종적으로 백인임을 주장하며 연방 법원에 다시 시민권을 신청했는데, 연방 법원은 신드는 학문적으로는 코카시아인종에 해당될지 모르나 사회 통념상 인도인을 백인이라고 하지 않는다는 이유로 시민권 인정을 거절했다. 미국 사법부는 오자와에게는 '과학적 증거'를, 신드에게는 '상식'을 각각 내세우며, 미국인이 되기를 간절히 원했던 아시아인이 넘어올 수 없는, '미국 시민'이라는 울타리를 높이 세웠던 것이다.

한국인도 예외는 아니었다. 1921년 한국인 차의석Easurk Emsen Charr*이 청원을 신청했다. 차의석은 청원서에 자신이 중국인이

★ 차의석은 미군으로 제1차 세계대전에 참전했다. 시민권을 얻은 뒤에는 미 연방 공무원으로 일했으며 영문 자서전 『금산』*The Golden Mountain*이 있다(장규식 2014 참고).

차의석

아님을 분명히 했다. 이전에 중국인 아엽Ah Yup이 시민권 신청을 했으나 거절된 판례가 자신에게 적용되지 않게 하기 위해서였다. 중국계 이민자 아엽은 1878년 최초의 인종 선행조건 소송을 제기한 사람으로, 재판부는 상식적으로 중국인은 백인이 아니며 과학적으로도 몽골계나 황색 인종을 코카시아인종 범주에 포함한 학자는 없다고 지적하며, 아엽에게 패소 판결을 내린 바 있다. 차의석은 자신은 제1차 세계대전 참전 용사이며, 따라서 연방 의회 특별 법안에 따라 미국 시민권 자격이 있다고 주장했다. 그러나 법원은 한국인인 차의석은 몽골계로 피부 색조에 상관없이 상식적으로나 과학적으로 자유 백인이 아니라고 판정했다. 차의석이 군 복무를 할 동안 미국 의회가 통과시킨 〈귀화법〉 수정 법안은 군 복무자에 한해 귀화 절차를 간소화하라는 것이지 한국인 복무자의 귀화를 승인한 것이 아니라는 설명이 덧붙었다.

세 명의 아시아인은 사회적·문화적으로는 이미 미국인으로 동화되었음에도, 과학적으로 또는 상식상 백인이 아니라는 이유로 '진정한' 미국인으로 받아들여지지 못한 많은 사람들 중 일부에 불과하다. 이처럼 백인 우월주의 사회에서 법은 백인 중심의 지배 구조를 공고히 하는 도구로 종종 사용되었다. 법원이 아시아인에게 백인이 아니므로 미국 시민권을 줄 수 없다고 거절하는 과정은 '백인성' 범주가 비유럽계인 아시아인에게 얼마나 배타적으로 적용되는지를 잘 보여 준다. 당시 다카오 오자와, 바갓 싱 신드, 차의석과 같은 아시아인에게는 (아무리 미국 사회에 동화되고, 아무리 미국을 위해 목숨을 걸고 참전했어도) 코카시아인종에 대한 인류학적 근거 및 사회 통념 사이에서 임의적 해석에 따라 결국 미국인으로 인정하지 않는 배타적인 백인성 범주가 적용되었다.

여전히 높은 '백인' 울타리

서구 국가들은 여전히 매우 백인 중심적이다. '백인성'에 집착하는 모습은 21세기인 지금도 다르지 않다. 2016년 킨더 초콜릿 포장지를 둘러싼 해프닝이 있었다. 페레로Ferrero사의 인기 제품인 킨더 초콜릿은 전통적으로 겉면에 귀여운 백인 소년의 얼굴이 실려 있다. 그런데 프랑스에서 개막하는 유럽축구선수권대회(유로 2016)를 앞두고 페레로사가 마케팅 차원에서 독일 축구 국가 대표 선수의 어린 시절 사진을 포장지에 실었다. 그러자 독일의 극우 반이민 단체인 '서양의 이슬람화를 반대하는 애국 유럽인'PEGIDA(이하 페기다)이 이에 반발해 거세게 항의했다. 국가 대표 선수 중에는 가나인 아버지와 독일인 어머니 사이에서 태어난 제롬 보아텡Jérôme Boateng, 터키계 독일인인 일카이 귄도간Ilkay Gündoğan, 튀니지인 아버지와 독일인 어머니를 둔 무슬림 사미 케디라Sami Khedira 등이 포함되었기 때문이다. 페기다는 페이스북에 "농담하는 것이냐"라며 불쾌감을 표현했고, 한 회원은 "미래의 테러범들을 보는 것 같다"라고 적었으며, 일부 회원들은 "페레로 제품 불매 운동을 벌여야 한다"라고 주장하기도 했다.

우리가 '한국인'이라고 하면 흔히 한국인 조상을 둔, 한국에서 태어난 사람을 생각하듯이, 흑인과 무슬림은 독일인이 아니므로 백인 소년을 대체해 그들의 얼굴을 싣는 일은 있을 수 없다는 것이다. 기독교를 믿는 백인으로만 구성된 공동체가 바로 그들이 원하는 국가상인 셈이다.

독일뿐만 아니라 미국 사회도 역사적으로 '백인성' 보존에 집착했다. 미국의 백인 울타리 장벽은 매우 높았다. 20세기 초까지만 해도 피부가 희다고 모두 '백인'으로 간주된 것은 아니다. 백인성은 서서히 확장되어 현재는 유럽 출신이면서 육안으로 봤을 때 피부가 흰 사람들은 백인으로 온전히 수용되었다.

퀴즈를 하나 풀어 보자. 빌 클린턴Bill Clinton, 존 F. 케네디John F. Kennedy, 조 바이든의 공통점은 무엇일까?

아마도 독자들 대부분은 '미국의 대통령!'이라고 대답할 것이다. 맞다. 존 F. 케네디는 미국의 제35대 대통령, 빌 클린턴은 제42대 대통령, 조 바이든은 2021년 1월 20일 취임한 제46대 대통령이다. 그런데 미국 대통령이라는 사실 말고 흥미로운 공통점이 하나 더 있는데, 이들이 19세기만 해도 '하얀 흑인'으로 불린 사람들의 후손이라는 것이나. '하얀 백인'이니 '검은 흑인'이 아닌 '하얀 흑인'이라니 의아하게 들릴지도 모르겠다. 세 명의 대통령 모두 아일랜드계 혈통으로, 그들의 조상은 불과 100여 년 전만 해도 백인이 아니라 흑인으로 간주되어 심하게 배척당했다.[*]

1790년, 미국 독립 후 첫 번째로 실시한 인구조사 결과에 따르면 미국 총 인구 400만 명 중 70만 명가량 되는 노예를 제외한 백인 인구 가운데 80%가 영어를 사용하는 대영제국인British이었다(이수영 2019, 4). 그중에서도 앵글로·색슨계인 잉글랜드인 English이 대부분을 차지했다. 게다가 건국 당시 미국의 전체 인구 중 98%가 개신교도였다. 즉, 건국 초기 미국인들은 인종·민족·언어·종교 측면에서 매우 동질적인 집단이었다.

당시 '백인성' 범주는 매우 좁았다. 이제는 명백히 백인으로 받아들여지는 독일·아일랜드·이탈리아 출신 비앵글로 유럽인은 백인 주류에 속하지 못했다. 현재 유럽계 미국인 인구 중 독일계 미국인이 13.9%로 가장 높은 비율을 차지하는데, 이들은 18세기만 해도 외국인으로 취급받았다.[**] 독일계는 충분히 백인스럽

---

[*] 그 밖에 앤드루 잭슨Andrew Jackson, 제임스 뷰캐넌James Buchanan Jr., 율리시스 심슨 그랜트Ulysses Simpson Grant, 체스터 앨런 아서 Chester Alan Arthur, 스티븐 그로버 클리블랜드Stephen Grover Cleve-land, 윌리엄 매킨리William McKinley, 토머스 우드로 윌슨Thomas Woodrow Wilson, 린든 B. 존슨Lyndon B. Johnson, 리처드 닉슨Richard Nixon, 지미 카터Jimmy Carter, 로널드 윌슨 레이건Ronald Wilson Reagan, 조지 H. W. 부시George H. W. Bush, 그리고 조지 W. 부시 George W. Bush 등도 아일랜드계 미국 대통령으로 알려져 있다.

지 않은, 피부가 검은 유럽인으로 묘사되고는 했다.

19세기 중후반에 유럽 출신 백인 노동자계급의 다수를 차지했던 아일랜드계 이민자는 당시 유럽 출신 이민자 중 가장 배척받은 집단이다. 현재 이들은 주류 백인 그룹에 속하고 대통령이 되는 데도 아무런 장애가 없다. 1960년 존 F. 케네디는 당시 미국 대통령 중에서 유일한 로마가톨릭교 신자였으며, 아일랜드계 혈통 때문에 기독교 근본주의를 내세운 미국 공화당 세력이 반발했음에도 대통령으로 당선되었다. 그러나 19세기만 해도 아일랜드계 이민자는 흑인, 아시아인과 함께 미국 사회의 최하 계층으로 멸시와 차별을 받는 대상이었다. 아일랜드계 이민자는 대부분 농촌 지역 출신의 비숙련 노동자들로, 미국에서 값싼 노동력을 제공하는 하층 노동자 계층을 형성했다. 아일랜드계 이민자들이 백인 주류 계급에게 배척받은 가장 큰 이유 가운데 하나는 이들이 가톨릭이라는 데서 유래한 종교적 이질감 때문이었다.*** 이들은 독일 출신 이민자들과는 달리 앵글로-백인과

★★ 백인성이 확장되는 역사적 과정에 관한 내용은 이수영(2019)을 참고했다.

★★★ 종교는 신대륙 개척 시대부터 현재까지 미국 사회에서 매우 중요한 역할을 하고 있다. 개종에 대해 개신교는 가톨릭보다 더 엄격하다. 신교도는 신도가 될 수 있는 사람을 소수로 한정했기에 '인디언' 같은 이교도의 개종을 쉽사리 받아들이지 않았다. 반면 가톨릭은 형식적인 개종도 진정한 믿음으로 발전할 수 있다고 믿기 때문

동일한 언어, 즉 영어를 쓰는 대영제국인이었다. 그럼에도 주류 백인 사회에는 '아일랜드계 이주민 = 흑인'과 같은 차별적 인식이 있었다. 당시 이들에 대한 미국 사회의 차별적 인식을 드러내는 삽화가 있다(이수영 2019 참고). 만화가 토머스 내스트Thomas Nast가 『하퍼스 위클리』Harper's Weekly에 게재한 〈무지한 투표 : 영예는 쉽습니다〉The Ignorant Vote: Honors Are Easy에는, 두 남성이 저울의 접시에 앉아 있다. 그런데 자세히 보면 'white'라고 쓰인 오른쪽 접시에는 아일랜드계 남자가, 'black'이라고 적힌 왼쪽 접시에는 흑인이 앉아 있다. 두 남자가 앉은 접시의 무게가 동일하게 표현되어 있다. 즉, 유럽 출신인 아일랜드계 이민자조차 미국 사회에서는 흑인이나 마찬가지라는 의미다. 그리고 흑인과 아일랜드계 이민자 모두 '덜 인간'처럼 '더 유인원'처럼 그려졌다.

아일랜드계 이민자에 대한 당대의 차별적 인식을 드러내는 삽화는 많다. 〈미국의 갠지스강 : 신부와 아이들〉The American River Ganges: The Priests And the Children은 1876년 토머스 내스트가 그린 것으로 가톨릭 신부를 악어로 묘사하며, 이들이 미국의 해

에 이교도의 형식적인 개종도 받아들이는 경향이 있다. 또한 영국 식민지 이주자들은 청교도적 선민의식이 있어서, 자신들이 이교도를 제거할 성스러운 임무를 부여받았다고 생각했다. 이런 생각들은 아메리카 원주민이나 유럽계 또는 아시아계 이민자와의 관계에도 적지 않은 영향을 끼쳤다.

HARPER'S WEEKLY.
JOURNAL OF CIVILIZATION

Vol. XX.—No. 1041.]   NEW YORK, SATURDAY, DECEMBER 9, 1876.   [WITH A SUPPLEMENT. PRICE TEN CENTS.

작가 : Thomas Nast
자료 : Library of Congress (미국 의회 도서관)

무지한 투표 : 영예는 쉽습니다

1876년 12월 9일 『하퍼스 위클리』에 실린 삽화이다. 당시 흑인과 같이 취급되던 아일랜드계 이민자의 차별적인 사회적 지위를 시사한다.

작가 : Thomas Nast
자료 : Library of Congress

미국의 갠지스강 : 신부와 아이들

1871년 9월 30일 『하퍼스 위클리』에 실린 삽화로, 미국 아이들을 공격하는 악어로 가톨릭 신부를 묘사한다. 만화가 토머스 내스트를 포함한 『하퍼스 위클리』의 발행인과 직원은 주로 개신교도였다. 당시 대부분의 미국인과 마찬가지로 그들은 로마가톨릭교회가 구식 의 권위주의적 기관이라고 믿었으며, 특히 아일랜드계-가톨릭 신자들은 미국보다는 주 로 바티칸에 충성하고 미국에 동화될 능력이 없다고 의심했다.

작가 : Thomas Nast
자료 : The Ohio State University

아일랜드계 사람이 일 처리하는 방법

1871년 9월 2일 『하퍼스 매거진』에 실린 삽화이다. 술에 취해 난동을 부리는 야수 같은 모습의 아일랜드인은 당시 미국 사회가 아일랜드계 이민자에 대해 떠올리는 전형적인 이미지였다. 잠재적 폭력배이자 흡사 원숭이처럼 묘사되는 아일랜드계 이민자의 모습은 그들이 대거 미국으로 유입되는 것을 불안해했던 미국인의 심리 상태를 반영한다.

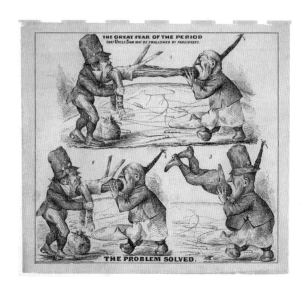

엉클 샘이 외국인에게 삼켜질지도 모른다는 시대의 공포 : 문제 해결됨

1860~69년 사이 발표된 삽화이다. 첫째 장면에서 미국인의 머리를 입에 문 아일랜드 남자와 입에 엉클 샘의 발을 문 중국인을 보여 준다. 둘째 장면에서는 그들이 엉클 샘을 먹어 치우고 있고, 마지막 셋째 장면에서 중국인이 아일랜드인을 집어삼킨다. 배경에는 복잡한 철도 노선이 그려져 있어 미국 확장의 시대에 번진 외국인 혐오증이 읽힌다.

안가를 침공해 아이들을 집어삼키려는 모습을 보여 준다. 토머스 내스트가 1871년 『하퍼스 위클리』에 실은 삽화에는 〈아일랜드계 사람이 일 처리하는 방법〉The Usual Irish Way of Doing Things이라는 제목이 붙었다. 흡사 원숭이 모습을 한 아일랜드계 남자가 방탕하게 술병을 들고 앉아, 미국을 부숴 버리겠다고 협박하고 있는 모습을 묘사한다. 〈엉클 샘(미국을 의인화한 캐릭터)이 외국인에게 삼켜질지도 모른다는 시대의 공포 : 문제 해결됨〉The Great Fear of the Period That Uncle Sam May Be Swallowed by Foreigners: The Problem Solved이라는 삽화는 아일랜드계 이주민과 중국인 노동자가 늘어나는 것에 대한 두려움을 나타내는데, 이 그림에서 아일랜드계 이민자와 중국인이 미국을 집어삼켜 결국 미국에는 아일랜드계와 중국인 혼종만 남게 된다.

이탈리아계 역시 현재는 미국 백인 주류에 속하지만, 100여 년 전만 해도 차별받던 집단이다. 독일계와 아일랜드계가 구이민 집단이었다면, 이탈리아 이민자들은 신이민 집단 가운데 하나인데 이들은 남북전쟁 이후 19세기 후반부터 1924년 이민을 제한하는 〈이민법〉Immigration Act of 1924이 제정되기 전까지 미국에 대규모로 유입되었다. 이들의 대부분은 이탈리아에서도 아프리카에 인접한 남부 이탈리아 출신으로 피부색이 검은 편이었다. 이탈리아계 이민자들은 농업에 종사하던 하층민으로 대부분 가톨릭교도였으며, 미국으로 이주한 뒤에도 도시 빈민촌에 거주하며 가난한 삶을 영위했다. 이탈리아계는 백인 주류로 인정받지 못한 것은 당연하고 피부가 검다고 흑인으로 오해받는 경우도 많았다. 따라서 백인 우월주의자들이 자행한 집단 폭력의 피해자 중에는 종종 이탈리아인이 있었다.

이렇듯 당시 백인성 범주는 매우 좁았고, 진정한 미국인으로 간주되는 백인은 앵글로·색슨계에 한정되어 있었다. 그런데 20세기를 지나면서 유럽 출신 이민자들에게 백인이 되는 문이 조금씩 열렸다. 백인은 남북전쟁으로 시민권을 획득한 흑인과, 19세기 중반부터 미국으로 유입된 아시아인 등 비백인과의 경쟁에서 백인 지배 구조를 유지하고 강화할 필요가 있었다. 그 전략으로 백인의 인종적 우월성을 강조해야 했고, 이 과정에서 백인의 인종적 정체성이 공고해졌다. 20세기를 지나면서 독일계·아일랜드계·이탈리아계 이민자들도 서서히 앵글로 백인과 동일한 백인성을 획득해 기득권을 누리게 되었다.

미국 주류 사회에 진입할 수 있는 문이 아시아인에게는 여전히 완고히 닫혀 있는 것과 대비되는 이런 변화는 우생학의 영향 때문이었다. 20세기 초 미국에서 우생학이 유행했는데, 이때 유럽계 백인이 코카시아인종이라는 인종적 동일성을 획득해 진정으로 백인화되었다. 우생학은 피부색 같은 신체적 유사성을 중요한 기준으로 삼기에 '하얀 흑인'으로 배척받던 남·동부 유럽인까지 백인종 범주에 포함된 것이다. 우생학자들은 우수한 혈통에서 천재가 나오며, 구걸 근성, 나약함, 범죄성 등의 기질도 유전적 요인의 영향을 강하게 받는다고 주장했다. 우생학 운동

은 찰스 다윈Charles Darwin★의 사촌인 프랜시스 골턴Francis Galton
이 주도했는데, 그는 인종 간에 등급이 있다고 확신했다. 골턴은
흑인의 평균 지능은 백인의 지능보다 두 등급 낮다고 주장했다.
우생학 운동은 유럽 출신 이민자 집단 간의 종교적·문화적 차이
보다는 몽골계, 니그로이드, 코카시아인종 등 인종적 차이에 더
많은 관심을 기울이게 했다. 흑인이 속한 니그로이드, 아시아인
이 속한 몽골계, 유럽인이 속한 코카시아인종 간의 차이에 비하
면 유럽 민족 간의 차이는 그렇게 중요한 것이 아니었다. 이런
과정에서 민족 또는 종족ethnicity이라는 개념이 등장했으며, 이
전에 유럽 출신 비앵글로계 이민자들이 지녔던 문화적 고유성
은 민족성이라는 개념 아래 흡수되었다. 그 결과 유럽계 이민자
들 모두 미국의 백인 범주에 포함되면서 백인성이 확장되었다.
다만 이런 확장이 아시아인과 흑인에게는 허용되지 않는, 백인
만의 리그였다는 점에 주목해야 한다.

여기서 인종과 계급의 문제를 들여다볼 필요가 있다. 미국
사회에서 인종 문제는 계급과 밀접한 관련이 있기 때문이다. 백
인은 모든 분야에서 유색인종들에 비해 상류 계층에 속해 있으

★ 다윈 사상은 인종주의를 뒷받침하는 데 악용됐다. 다윈 추종자들이
　동물 세계의 '열등한' 종들 사이의 관계에서 유추한 관계를 사회 속
　인간관계에 적용했기 때문이다. 다윈이 주장한 자연도태설은 서로
　다른 인종 간의 투쟁으로 해석되었으며, 이런 투쟁은 '우월한' 국가
　및 인종을 창조하는 데 불가피한 수단으로 생각되었다.

며 사회 전반을 지배하고 있다. 그런데 백인의 지배 구조 형성과 부의 축적은 역사적으로 유색인종에 대한 제도적 착취에 기반해 이루어졌다. 즉, 미국의 눈부신 경제성장과 자본주의 발달은 지배층의 인종차별주의 정책 및 전략으로 견인되어 왔다.

1619년 버지니아주에 20명의 아프리카인이 처음 도착했는데, 이들은 노예가 아니라 계약 노동자로 왔다. 그때만 해도 노예제도가 정착되기 전이어서, 흑인이나 백인은 4~7년의 계약 노동자로 미국에 와서 일했다. 흑인과 백인 계약 노동자들은 저임금, 노동 착취, 열악한 노동조건에 시달려 농장주에게 불만이 컸고, 인종을 초월한 연대를 형성해 함께 저항하기도 했다. 총으로 무장한 노동자들이 곳곳에서 반란을 일으키자 백인 지배층은 다급히 군과 경찰을 동원해 진압에 나섰다. 백인, 흑인, 원주민 노동자들이 연합해 계급투쟁 성격의 반란을 일으킨 대표적 사례가 1676년에 있었던 베이컨의 난이다. 너새니얼 베이컨Nathaniel Bacon은 부유한 농장주였는데 버지니아 총독의 통치에 불만을 품고 백인 자유인, 백인 하인과 흑인 하인, 흑인 노예 등 약 400명을 모아 반란을 일으켰다. 독립 전쟁 이전 미국에서 발생한 가장 큰 대중 봉기였는데, 하층 흑인과 하층 백인이 피부색을 넘어 연대하자 백인 지배층은 큰 충격을 받았다. 베이컨의 난은 "인종 제조의 촉매제"였다고 평가되는데(진구섭 2020, 200), 이 반란 이후 백인 지배층이 흑백 분리에 더욱 박차를 가했기 때문이다.

백인 지배계급은 노동계급의 연대를 막기 위해 흑인 노동자와 백인 노동자를 분리하는 전략을 추구했다. 흑인의 자유를 박탈해 노예로 전락시키고, 백인 노동자에게는 그들이 노동계급이기 전에 백인이라며, 백인으로서 자아의식을 고취시켰다. 즉, 백인 하층계급 노동자에게 그들은 노동자계급이지만 흑인보다 우월한 '백인'임을 상기시켜, 노동자로서 계급의식과 백인으로서 인종 정체성 가운데 후자를 자극했다. 더 구체적으로 백인 지배층은 유럽계 계약 하인의 신분을 격상했다. 그들에게 미국 시민이 될 자격을 부여했고, 남성 지주계급에게만 허용된 참정권 요건을 대폭 완화했다. 백인 노동자가 자치 기구에 참여할 수 있도록 토지와 가옥 소유, 세금, 고용 상태 요건 등을 낮추었다. 예를 들어, 1705년 버지니아주는 계약이 만료된 백인 하인에게 곡식과 총기, 60.7헥타르의 토지를 주는 법을 제정해 백인 하인이 흑인 노예와는 다른 존재라는 의식을 심어 주었다. 백인 계약 노동자는 일정 시간이 지나면 자유인이 되고 돈을 모아 농장주가 되기도 했지만, 흑인 노동자는 노예 상태에서 벗어날 수 없었다. 미국 시민으로서 자유를 제법 획득한 유럽계 백인 노동자 계층은 이제 비백인 노동자 계층이 아니라 백인 지배 계층과 이해관계를 함께하는데, 이 과정을 '백인 노동자계급의 백인화'라고 한다(장태한 2004, 46).

백인 지배 계층의 분리 정복divide and conquer 전략은 다음 장에서 논의할 흑인 대 아시아인 관계에서도 엿볼 수 있다. 흑인 입장에서는 백인 주류 사회가 덧씌운 모범 소수민족 프레임 때문에 '명예 백인'으로도 불리는 아시아인이 같은 소수민족인 흑인을 버리고 백인으로 편입되어 흑인 위에 군림하는 것처럼 느껴질 수도 있다. 백인 노동자에게 백인 우월주의를 불어넣어 백인 자본가와 백인 노동자 간 계층 문제를 해결했듯이, 아시아인에게 백인성의 공간을 조금 내주고 이를 통해 흑백 갈등을 흑인 대 아시아인 갈등으로 치환한 것이다.

이른바 '인종적 뇌물'을 받고 유럽계 백인 노동자는 점차 흑인 노동자 집단이 아니라 백인 지배 계층과 자신들을 동일시하기 시작했고, 그 결과 백인 자본가와 백인 노동자 간 계층 문제는 자연히 해소되었다. 21세기에도 여전히 미국의 주거지역은 인종별로 분리되어 있다. 백인 노동자들은 직장에서는 노동자 의식을 갖고 있다가도 퇴근하면 저마다 인종별 거주지로 돌아간다. 이런 거주환경은 노동자로서 동질 의식보다는 인종적 동질 의식을 강하게 자리 잡게 하는 이유가 된다.

백인 자본가와 노동자 간 계급 갈등을 인종 문제로 호도하는 전략은 미국 역사에서 여러 차례 반복되어 왔다. 1898년 하와이는 미국과의 합병에 동의하면서 자본주의 체제로 급속히 전환되었다. 노동력, 특히 값싼 노동력이 시급히 필요해지자 하와이 농장주들은 중국인 이민자를 고용하기 시작했다. 중국인은 백인보다 낮은 임금을 받으면서도 열심히 일해 농장주의 자본 축적에 기여했다. 그러나 시간이 흐르면서 농장주들은 중국인 노동자가 노동조합을 결성하거나 임금 인상, 노동조건 개선 등을 요구하며 단체 행동에 나설 것을 우려했다. 이에 농장주들이 채택한 전략이 노동자 분리 정책이었다. 이들은 세계 여러 나라에 선전원을 파견해 하와이로의 노동 이주를 장려했고, 일본·한국·필리핀 등지에서 값싼 노동자들을 받아들였다. 농장주들은 여러 나라 노동자들을 서로 경쟁시키면서 생산력 증대를 추구했고, 분열 정책을 통해 연대를 막아 노동자계급을 분리했다. 이처럼 인종 문제는 계급·자본주의·노동 등과 폭넓게 관련되어 있어서 서구, 특히 미국의 역사를 이해하는 데 매우 중요한 요인 가운데 하나다.

한편 유전적 요인을 근거로 누가 미국인으로 적합한지를 분류했던 우생학적 인종주의 관점은 제2차 세계대전 이후로 존재하기 어려워졌다. 나치즘에 대한 반감 때문이었다. 1920~30년대 나치 독일 치하에서 과학적 근거가 빈약한 과대망상적 아리아족 숭배는 결국 집단 수용소에서 무고한 유대인 수백만 명을 희생시키는 비극을 낳았고 이에 대한 성찰이 인종주의를 부정적으로 바라보게 했다. 또한 지난 220여 년 동안 실시된 미국 인구조사에서 인종 범주가 24번이나 바뀐 사실도 주목할 만하다(진구섭 2020, 10). 그리고 인종 수는 학자들에 따라 세 개에서 63개 종까지 제시된다는 점도 기억해야 할 것이다. 인종 수처럼 단순한 문제에 대해서도 학자들의 의견이 일치하지 않는다는 것은 인종 간 차이를 둘러싼 혼란상을 잘 드러낸다. 인종 개념의 모호함을 서서히 인식하게 되었고, 전후 냉전 체제에서 소련과의 대결 구도로 말미암아 '인종' 용어 사용은 더 꺼려졌다. 인종 같은 차별적 개념이 계속 사용된다면 미국의 도덕적 우위를 주장할 수 없기 때문이다. 대신에 종족성 또는 종족 집단이라는 용어가 본격적으로 사용되었다. 특히 인간을 몇 가지 인종으로 구분하는 것이 얼마나 의미 없는 작업인지를 여실히 보여준 것이 바로 인간 게놈 프로젝트였다. 1990년 처음 시작된 이 프로젝트는 인간의 모든 유전자 염기 서열을 밝히는 것을 목표로 했는데, 인간 유전자의 99.9%가 같다는 사실을 밝혀내 인종에 상관없이 인류가 유전적으로 매우 동질적임을 과학적으로 증명했다.

이런 변화로 말미암아 과학과 학문 전반에서 서서히 인종차별주의를 견제하기 시작했다. 더 나아가 과학자들도 인종 개념을 사용하지 말자는 목소리를 높였다. 그런데 왜 우리는 여전히 인종을 이야기할까? 왜 여전히 인종차별과 아시아인에 대한 혐오 현상이 발생하는 것일까?

우리가 아직도 인종주의를 이야기하는 이유

인종 이데올로기는 괴물과 같은 힘을 지녔다. 현재 우리가 일상적으로 사용하는 '인종' 개념은 진화적 지식, 유전학 및 생물학으로는 뒷받침되지 않는다(러더포드 2021). 즉, 과학적 분석을 통해 인종 구분이 무의미하다는 것을 밝혀냈음에도 사람들은 여전히 인종과 피부색의 연관을 신봉하고, 인종이 신체적 차이를 의미한다고 생각한다. 더구나 이제 인종주의는 다른 모습으로 진화해 마치 인종주의가 아닌 것처럼 변장해 우리 삶 속으로 계속 찾아든다.

인종주의에는 여러 모습이 있는데, 우선 내재적 인종주의와 외재적 인종주의로 구분할 수 있다(다양한 인종주의에 대한 일부 내용은 신문수 2009, 43~56에서 옮겼다). 외재적 인종주의는 특정 인종 집단의 자질에 지적으로나 윤리적으로 결함이 있으므로 그 집단을 차별하는 것이 정당하다고 믿는 것을 말한다. 외재적 인종주의는 합리적 판단에 따른 결과이므로 판단 근거가 잘못되었음을 알게 되면 인종주의 태도를 버릴 가능성이 있다. 예를 들어, 흑인은 원래 지능이 떨어지며 미개한 인종이라거나 아시아인이 더럽고 불결한 인종이라는 믿음 때문에 그들을 차별하다가, 사실은 평균 지능이 높고 더 위생적이라는 식의 통계를 접하면 인종주의 태도는 철회될 수 있다. 이와 달리 내재적 인종주의는 철회될 가능성이 없다. 특정 인종 집단을 (그들의 인종적 자질과 상관없이) 무조건 차별하는 인종주의이기 때문이다. 아시아인의 지능과 역량이 아무리 뛰어나고 인품이 고매해도 그가 아시아인이라 차별하는 것이다. 미국과 같은 백인 중심의 서구 사회에서 인종주의가 끈질기게 살아남는 이유는 많은 백인들이 내재적 인종주의

자이기 때문이다.

그리고 제도적 인종주의가 있다. 이는 공식적으로는 인종주의가 사라졌지만 실제로는 여전히 인종주의적 결과물을 양산하는 사회제도 및 구조가 유지되고 있음을 가리킨다. 인종주의 제도들은 흑인 및 아시아인과 같은 비백인의 정치적·사회적·경제적 기회와 보상을 지속적으로 박탈하고 있다. 제도적 인종주의가 무섭고 강력한 것은 뚜렷하게 드러나지 않기 때문이다. 그래서 마치 인종차별이 존재하지 않는 평등한 사회에 살고 있다고 착각하게 된다. 예를 들어, 미국의 대입수학능력평가(이하 SAT)에서 평균적으로 흑인 학생이 백인 학생보다 점수가 낮은 것은 흑인의 경우 SAT에 대비할 만큼 충분히 학습받기 어려운 사회적 상황 때문이다. 그럼에도 많은 사람들이 이런 제도적 모순보다 흑인 집단의 지적 능력이 열등하다고 치부한다. '학교-교도소 파이프라인'school-to-prison pipeline이라는 현상이 있다(올루오 2019, 158~172). 학교에서 교도소로 직행하는 유색인 학생을 묘사할 때 사용되는 용어인데, 실제로 이런 경험이 대량 투옥mass incarceration으로 이어진다. 흑인 남성 세 명 중 한 명은 평생 한 번 이상 감옥에 가는 경험을 한다. 이는 흑인 학생에게는 더 쉽게 정학과 퇴학을 내리는 미국 학교의 불공정한 처벌, 학교 운영진의 인종적 편견,* 흑인 학생을 교육할 자원의 부족 등 제도적 결함에서 비롯된다. 그럼에도 흑인의 높은 수감률 같은 현상은 흑인이 원래 폭력적이고 통제 불가능한 잠재적 범죄자여서

라고 단순히 해석되기 쉽다. 이런 제도적 인종주의가 사회제도 전반에 편재하면 흑인과 아시아인처럼 비백인 인종 집단은 개인이 아무리 노력해도 인종주의의 굴레와 악순환에서 벗어나지 못한다.

인종주의가 다른 방식으로 자기 정당화를 꾀한 또 다른 사례로 문화적 인종주의가 있다. 인종 집단 간 차이가 어디서 나타나는지를, 인간의 두개골·머리카락·혈액형 등에 집착해 찾으려던 생물학적 시도가 번번이 실패하자, 방향을 바꾸어 문화적 차이에 주목한다. 간단히 말해, 문화적 인종주의는 인종 집단의 피부색 차이를 문화적 차이로 치환한다. 인종 집단 간 문화적 차이를 강조해 특정 인종 집단에 대한 차별과 배제를 정당화하는 전략인데, 이에 따르면 백인 문화의 수준이 가장 높으며, 다른 소수 인종 집단의 문화는 수준이 낮고 의미 없는 것으로 격하된다. 백인이 만든 문화는 최상의 규범이자 기준이므로 이에 잘 적응하지 못하거나 적극적으로 수용하지 않으면 열등한 인종 집단이

★ 올루오(2019, 165, 166)는 '흑인 아이들에게 병명 붙이기pathologizing' 행태가 학교-교도소 파이프라인에 영향을 미친다고 지적한다. 예산과 교사가 부족한 많은 학교에서는, 대인 관계 문제를 겪는 흑인 학생들에게 적절한 교육 환경을 제공하는 대신에 쉽사리 학습 장애 진단을 내린다는 것이다. 반면 백인 학생들에게 학습 장애 진단은 잘 내려지지 않는다. 그리고 발달 장애나 학습 장애가 없음에도 유색인 학생은 특수반에 배정되고, 학습 장애 꼬리표를 단 유색인 학생은 정학 및 퇴학 처분을 받을 확률도 높아진다.

된다. 예를 들어, 문화적 인종주의는 흑인 공동체 문화를 백인의 핵가족 문화에 비해 미개하다고 간주하고, 흑인이 사용하는 고유한 영어 표현을 일탈로 격하하며, 백인이 사용하는 영어를 표준으로 삼는다.

마지막으로 소개할 인종주의의 새로운 변형은 상징적 인종주의다. 상징적 인종주의는 이전의 인종주의보다 더 미묘한 형태의 인종주의로, 동일한 문화 내에서 중요하게 생각되는 특정 가치의 결여를 인종주의 태도의 근거로 삼는다. 상징적 인종주의자들은 소수자 우대 정책이나 이중 언어 교육에 반대한다. 반대 근거는 개인주의나 사회적 평등과 같은 미국적 가치에 이 제도들이 위배되기 때문이다. 전통적인 인종주의자들처럼 비백인종이 백인종보다 인종적으로 열등하다고 주장하는 것이 아니라는 점에서 기존 인종주의와는 결을 달리한다. 미국 사회에서 흑인의 사회경제적 지위는 백인에 비해 매우 낮은데, 백인 가운데 상당수는 흑인이 책임감·근면성·기율·개인주의와 같은 미국 사회의 핵심 가치들을 제대로 체화하지 못해 경쟁에서 도태되었고, 그래서 사회경제적 지위도 낮아졌다고 생각한다. 상징적 인종주의를 근절하기는 더 어렵다. 상징적 인종주의자들은 특정 인종 집단이 사회적 가치를 체화했는지 여부에 근거해 부정적으로 평가할 뿐이라고 믿지, 스스로 인종차별주의자라고 여기지는 않기 때문이다.

전통적 인종주의와는 달리 진화된 형태의 새로운 인종주의들은 일상에서 잘 드러나지 않는다. 그리고 언뜻 가치중립적으로 보이는 대중매체·동화책·광고 등으로 전파되므로 눈치 채기가 힘들고, 맞서 싸우기는 더욱 어렵다. 이것이 자유와 평등을 내세운 서구의 선진 민주주의국가들에서 왜 아직도 인종주의가 만연하며, 아시아인 혐오 현상이 발생하는지를 설명한다.

4.
아시아인 혐오는 새로운 현상인가

지금까지 '왜' 아시아인을 혐오하는지를 살펴봤다면, 이제부터는 새로운 질문을 탐구해 보자. 최근의 아시아인 혐오는 새로운 현상일까?

어떤 독자는 흑인에 비해 아시아인에 대한 혐오는 별로 이야기되지 않기 때문에 아시아인 혐오가 21세기 들어 새롭게 발생한 현상이라고 생각할지도 모른다. 코로나19 팬데믹 이후 아시아인 혐오 범죄가 미디어에서 한층 부각되었기에, 자칫 그전에는 존재하지 않았던 아시아인 혐오가 바이러스 때문에 생겨났다고 여길 수도 있다. 그러나 아시아인 혐오는 170여 년에 이르는 길고 뿌리 깊은 역사가 있다. 아시아인 혐오는 전혀 새로운 현상이 아니며, 19세기 이후 서구에서 아시아인은 늘 차별받았다. 아시아인의 사회경제적 상황이 다른 소수 인종보다 좋은 것처럼 알려져 가려졌을 뿐, 서구 사회의 아시아인은 소외와 억압의 역사를 살아왔다.

바이러스에 대한 비이성적인 공포가 아시아인 혐오를 부추긴 오늘날, 이에 또 다른 혐오로 맞대응하지 않으려면 현재와 거리를 두고 과거를 되돌아봄으로써 현실을 직시할 필요가 있다.

아시아인 혐오로 얼룩진 170년 역사

아시아인에 대한 미국인의 인식이 형성되기 시작한 것은 18세기 말 무렵이다. 미국과 중국의 직거래 무역이 시작된 1784년을 원년으로 보는 시각이 있는데, 그 전에는 아시아인에 대한 기록을 찾아볼 수 없기 때문이다. 아시아인이 미국에 본격적으로 유입된 것은 19세기 중엽이었다. 당시 미국은 산업화가 한창이었다. 서부 캘리포니아는 농업, 광업, 철도 산업 등이 빠르게 발전하고 있었으며, 독립 왕국이었던 하와이에서는 미국 동부 자본이 장악한 사탕수수 재배 농업이 번성했다. 미국의 주력 산업은 노동집약적이었기에 값싼 노동력의 확보가 관건이었다. 자본가들은 저임금 노동자를 고용해 이윤을 극대화하려 했고, 이런 수요가 아시아인의 대규모 유입으로 이어졌다.

아시아인의 미국 이주사에서 첫 번째 물결은 1840년대에 시작해 1924년 〈이민법〉이 제정되며 중단되었다. 이 기간에 100만여 명의 아시아인이 미국 본토와 하와이로 유입되었는데, 대개 중국인 위주의 노동 이주자였다. 1840년대 후반부터 1880년대 초반까지 중국인 37만여 명이 캘리포니아 금광 발굴과 대륙 간 철도 부설 사업의 노동자로 미 서부 지역에 이주했으며, 일부는 하와이로 향했다. 다시 설명하겠지만, 1882년 중국인 이민이 봉쇄된 뒤, 1880년대 후반부터 1920년대까지는 일본인 46만여 명이 대거 유입되어 중국인 노동자를 대신했다. 일본인 이민은 미일 외교의 마찰 탓에 정체되었는데, 그에 앞서 1903~05년 한국인 7000여 명이, 1900~30년대에 인도에서 7000여 명, 필리핀에서 18만여 명이 미국으로 이주해 대체 노동 인력이 되었다(진구섭 2020, 88).

19세기 중엽만 해도 미국은 백인과 흑인, 두 인종으로 분리된 양 인종 사회였다. 아시아 이주민은 백인도 흑인도 아닌, 인종적으로 아주 모호한 집단이었다. 중국인 이주 노동자는 흑인 노예를 대체하는 존재였기에 이들의 사회적 신분은 '준准흑인'이나 마찬가지였다. 중국인과 흑인의 뇌 크기가 거의 비슷하고 중국인과 흑인이 생물학적으로 유사하다는 주장도 있었다. 그러나 한편으로는 인구조사에서 중국인이 백인으로 간주되기도 했고, 중국인은 백인이 아니지만 일본인은 백인이라는 식의, 중국인·일본인·한국인의 인종을 두고 서로 다른 주장이 제기되기도 했다. 그러다가 아시아인을 둘러싼 개념적 혼란이 점차 사라지면서 아시아인 또는 황인종이라는 보편 범주로 묶이기 시작했다.

미국의 아시아계 이주민은 이주 직후부터 차별과 핍박을 받왔고, 그때부터 시작된 아시아인 혐오 현상이 지금까지 계속되고 있다. 코로나19 이후 급증한 아시아인 혐오 현상은 이런 긴 역사의 연장선에 있는 셈이다. 아시아인에 대한 혐오의 역사를 굵직한 사건들을 중심으로 살펴보자.

1790년 미국 〈귀화법〉이 제정되었고 이 법에 따라 백인만이 미국 시민이 될 자격이 있었다고 앞서 설명한 바 있다. 원래 미국이 목표로 한 것은 백인 국가 건설이었다. 광활한 영토에 풍부한 천연자원을 자랑하던 미국에, 자본주의경제 발전을 위해 부족한 단 한 가지는 값싼 노동력이었다. 미국은 이민을 장려할 선전원을 세계 각지로 보냈고, 특히 유럽에서 이민자를 모집했다. 그러나 백인 이민자의 유입이 한계에 달하자 어쩔 수 없이 아시아의 유색인종 노동자도 받아들였다.

1848년 캘리포니아주에서 금광이 발견되자 아편전쟁의 여파로 생활고에 시달리던 중국인들이 일확천금을 꿈꾸며 미국으로 이주했다. 또한 남북전쟁 직후 시작된 대륙 간 철도 부설 현장에도 중국인 계약 노동자가 대량으로 유입되었다. 19세기 중엽, 당시 미국 사회에서 중국인이 처한 위치를 여실히 보여 주는 사건이 발생했다. 국민 대 홀People v. Hall 사건(1854년)으로도 불리는데, 중국인 링싱Ling Sing을 살해한 혐의로 사형 선고를 받았던 백인 조지 홀George Hall을 캘리포니아주 대법원이 석방했다. 조지 홀은 중국인 목격자와 백인 목격자의 증언으로 유죄 평결을 받았으나, 조지 홀의 변호인은 흑인·인디언·혼혈인* 등은 법정에서 백인에게 불리한 증언을 할 권리가 없다는 조항을 들어 항소했다. 이 법은 '중국인'에 대해서는 따로 규정하지 않았는데, 조지 홀의 변호인은 '인디언은 수세기 전에 중국에서 이주해 왔고, 따라서 중국인과 인디언은 같은 종족이므로 인디언에게 적용되는 법은 중국인에게도 적용된다'는 논리를 폈다. 대법원은 이 논리를 받아들였으며 조지 홀은 무죄 평결을 받았다. 당시 캘리포니아주 대법원 판사 존 머리John Murray는 "모든 비백인 인종은 유사하게 열등하므로, 중국인을 포함해 비백인의 피가 흐르는 누구도 백인에게 불리한 증언을 할 수 없다"라고 판결했다. 재판부의 판결은, 중국인은 지적 발전이 특정 지점 이상 지속될 수 없는 인종이며, 따라서 미국 시민의 삶에 대해 증언하거나 정부의 일에 백인과 동등하게 참여할 권리가 없다는 당시의 지배적인 의견을 뒷받침했다. 이 악명 높은 판결은 중국인을 아메리카 원주민이나 흑인과 같은 위치에 두고 이들의 증언 능력을 인정하지 않았고, 결과적으로 중국인을 살해한 백인에게 면죄부를 주었다. 당시 미국 사회가 백인이 중국인을 살해해도 법에

★ 이 책에서는 당시 법 조항 표기를 따라 '혼혈인'이라는 표현을 사용했다. 2008년 유엔 인권위원회는 '혼혈'이라는 용어 사용을 자제하라고 권고했고, 우리나라에서도 2003년 30여 개 시민 단체로 구성된 건강가정시민연대가 '혼혈아', '국제결혼' 같은 차별적 용어를 대신해 '다문화가족'을 권장해 널리 쓰이고 있다. 그럼에도 이들에 대한 차별은 여전하다.

작가 : Thomas Nast
자료 : Library of Congress

검둥이는 추방되어야 한다. 중국인도 추방되어야 한다. 저 불쌍한
야만인들은 문명화된 우리 정부가 하는 일을 이해하지 못한다

1879년 9월 13일 『하퍼스 위클리』에 실린 삽화이다.

"OUT OF THE FRYING PAN INTO THE FIRE".

작가 : 미상
자료 : Bancroft Library UC Berkeley

설상가상

1878년 3월 2일 『샌프란시스코 일러스트레이티드 와스프』*The San Francisco Illustrated Wasp*에 실린 삽화이다. 제목인 'Out of the Frying Pan into the Fire'는 뜨거운 프라이팬에서 빠져나오긴 했는데 더 위험한 불 속으로 들어가게 되는 상황을 뜻한다. 위생 조례의 제정으로, 백인 공무원이 비좁고 낡은 집에 모여 살던 중국인 이주자들을 그보다 훨씬 붐비는 감옥에 수용하는 상황을 묘사했다.

저촉되지 않고, 중국인에게는 미국 헌법이 보장하는 인간의 기본권을 누릴 자격이 부여되지 않았음을 자명하게 보여 주는 사건이었다. 이 시기에 흑인처럼 취급받던 중국인의 모습을 보여 주는 삽화가 있는데, 제목은 〈검둥이는 추방되어야 한다. 중국인도 추방되어야 한다. 저 불쌍한 야만인들은 문명화된 우리 정부가 하는 일을 이해하지 못한다〉"The Nigger Must Go," and "The Chinese Must Go." The Poor Barbarians Can't Understand our Civilized Republican Form of Government였다.

　1860년대와 1870년대에 10만 명 넘는 중국인이 미국 캘리포니아로 이주했다. 백인들은 중국인이 이주하던 초기부터 이들을 배척하기 시작했다. 당시 중국인 이민자들은 백인 주거지와 분리된 차이나타운에만 거주할 수 있었다. 그런데 1870년 7월 29일 샌프란시스코 시의회는 '위생 조례'라 불리는 'Order 939, Regulating Lodging Houses'를 통과시켰다. 1인당 14세제곱미터의 주거 공간을 확보해야 한다는 내용이었는데, 하층 노동자 계층인 중국인 수천 명은 차이나타운의 비좁은 공간에서 함께 생활하다가 이 조례를 위반했다는 이유로 수감되었다. 〈설상가상〉Out of the Frying Pan into the Fire이 당시 모습을 담은 삽화인데, 그림을 보면 백인 공무원이 중국인의 집에서 그들의 변발을 잡아채 더욱 열악하고 붐비는 감옥에 집어넣고 있다.

　이 조례는 반이주노동자 연맹Anti-Coolie Association 회장인 토머스 무니Thomas Moone와 부회장 휴 머리Hugh Murray가 중국인의 위생 문제에 대책을 마련하라고 시에 요구한 것을 계기로 제정 되었다(Yang 2009, 440). 그들의 요구는 보건 당국이 작성한 차이 나타운 관련 보고서에서 비롯됐는데, 보고서에는 "중국인들의 생활 방식은 인간으로서 가장 절망적인 상황으로, 가축이나 돼 지처럼 많은 중국인들이 불결하고 낡은 집에 꽉 들어차 생활한 다. 차이나타운 어디서나 극도의 절망감을 느낄 수 있다"라고 적 고 있다(San Francisco Board of Supervisors 1870; Yang 2009에서 재 인용).

정부뿐만 아니라 일반 백인도 중국인을 차별과 억압의 시선 으로 대했다. 백인은 중국인을 경쟁 상대로 적대했는데, 중국인 이 자신의 일자리를 빼앗고 임금수준과 삶의 질을 떨어뜨리며, 파업 시 대체 노동력으로 투입돼 파업 파괴자 역할을 한다고 여 겼다. 틀리지만은 않았다. 실제로 유럽계 이민노동자들이 파업을 벌여 노동력이 부족해질 때 광산주나 농장주는 값싸고 순종적인 아시아계 노동자를 고용했다. 이런 상황은 백인 노동자의 아시 아인 혐오를 빠르게 확산하고 반아시아 운동을 부추겼다.

이 시기 미국에 유입된 대다수 아시아인은 노동 이민자였다. 1965년 〈이민 및 국적법〉Immigration and Nationality Act of 1965 이 후의 아시아계 이민자들은 고학력·고숙련이 많았지만, 그 전에 이주한 아시아인은 대부분 미숙련·저임금 노동자, 막일꾼 등이 었다. 아프리카에서 온 흑인 노예가 미국 남부의 담배 및 면화 농업의 노동력으로 활용되었듯이, 아시아에서 건너온 계약 노동자는 서부 개척과 개발에 동원되었다. 현재 우리나라 제조업체가 동남아시아 노동자를 고용해 부족한 노동력을 충당하는 것과 매우 비슷하다.

이런 노동 이민 과정에서 중국인·일본인·한국인·필리핀인·인도인 등 아시아인에 대한 인종적 편견이 형성되었는데, 예를 들어 백인들은 중국인이 인종적으로 백인보다 열등하며 백인 사회에 동화될 능력이 없다고 주장했다. 당시 인류학 문헌은 종종 인종주의 관점에서 중국인이 백인보다 열등한 근거를 제시하기도 했다. 인종차별주의자들은 중국인은 청소년기의 어느 시점까지는 학습이 가능하지만, 그 이상 발전하지 않는다고 주장했는데,[*] 이는 흑인에 대한 묘사와 유사했다. 또한 중국인 노동자들은 백인이 기피하는 위험하고 어렵고 지저분한 일을 더 적은 돈을 받고 했는데, 이른바 3D 직종에 종사한다는 이유로 아시아인은 비위생적이고 더럽다는 이미지가 백인 대중 사이에서 형성되어 갔다.

1870년대 경기 불안으로 실업이 증가하자 반중국인 정서는 더욱 심화되어 대대적인 중국인 배척 운동으로 전개되었다. 데니스 커니Dennis Kearney는 노동자당을 만들었는데, 주요 강령 중 하나가 중국인을 몰아내는 정책이었다(고셋 2010, 406). 반중국인 운동을 주도적으로 전개한 극우파는 중국인 배척 운동을 정

★ 미국의 정치경제학자 헨리 조지Henry George의 주장이다(U.S. Senate 1876/1877; 고셋 2010에서 재인용).

치 이슈로 삼아 전국적인 운동으로 확대하는 데 성공했다(장태한 2004, 62). 결국 1881년 공화당 소속 제21대 대통령인 체스터 앨 런 아서가 집권하고, 이듬해 연방의회에서 〈중국인 배척법〉Chinese Exclusion Act이 통과되었다. 이 법은 미국에서 특정 민족의 이민을 배타적으로 제한한 최초의 법안이었다. 당시 중국인 이 민자들은 대부분 캘리포니아를 비롯한 서부 지역에 거주했다. 미국인이 주로 살던 동부와 중서부 지역에서 중국인 이민이 문 제가 될 이유가 없었음에도 이 법이 통과된 데는 정치사회적 상 황이 영향을 미쳤다. 첫째, 자본가와 노동자의 계급 대립을 무마 하려면 중국인을 희생양으로 삼을 필요가 있었다. 둘째, 민주당 과 공화당의 대권 경쟁에서 서부가 어떤 입장을 취할지가 중요 한 문제로 떠올랐다(장태한 2004, 63). 공화당은 동북부를 중심으 로 반노예 정책을 추구했고, 노예제도를 고수하던 남부의 민주 당과 치열하게 경쟁하고 있었다. 서부 지역이 노예제도에 어떤 입장인지가 공화당과 민주당의 경쟁 구도에서 매우 중요한 문 제였다. 서부가 중국인 배척을 요구하자 대권을 유지하려는 공 화당과 대권을 뺏으려는 민주당 모두 이를 무시할 수 없었다. 결 국 반아시아인 감정이 극도로 격앙된 데다가 미국의 국내 정치 적 구도로 말미암아 악명 높은 〈중국인 배척법〉이 탄생한 셈이 다. 이 법이 통과되면서 중국인 이민이 전면적으로 중단되었고, 앞서 살폈듯이 부족한 노동력을 대체하기 위해 일본인과 한국인 이 유입되었다.

1885년 이후 일본인의 이주가 본격적으로 시작되었는데, 그 수가 1920년까지 27만 5000여 명에 달했다. 일본인이 미국으로 이주한 국내 요인은 일본 내 빈부 격차였다. 1868년 메이지 유신이 단행된 이후 일본은 급속히 자본주의 체제로 전환되었는데, 그 과정에서 공업화 정책이 시행되면서 농부들은 높은 세금을 내야 했으며 극심한 빈곤에 시달렸다. 특히 당시 일본은 재산이 장남에게만 상속되고, 장남이 부모를 책임지는 문화였으므로 빈곤층의 아들 가운데 장남이 아닌 사람들이 대거 미국으로 이주를 결심했다.

일본인 이민이 증가하자 이번에는 미국의 백인 우월주의 단체들이 반일본인 운동을 전개했다. 그런데 이 시기 전국적으로 확산된 토착주의nativism 운동이 문제 삼은 대상은 중국인과 일본인 등 아시아인만이 아니었다. 19세기 말에서 20세기 초 이민자들이 대규모로 유입되자 주류 백인들은 낯선 이민자 모두에 대해 적대감과 불안감을 표출했다. 이 시대에 발호한 미국의 토착주의는 역사학자 존 하이엄John Higham이 정의하듯이 "미국의 독특한, 그러나 비뚤어진 민족주의"라는 성격을 띤다(Higham 1955, 4, 5, 7). 외국인, 외국의 사상 및 문화 등 외국과 관련된 것은 거의 무조건 미국의 정체성을 위협한다고 간주하는 경향이 있었기 때문이다.

이민자 수가 급격히 증가하면서, 주로 백인과 흑인으로 구성된 미국 내 인종 분포가 매우 복잡해졌다. 당시에는 아시아 출신 이민자도 많았지만 이민의 주류를 형성한 것은 남·동부 유럽인이었다. 동유럽 각지에 흩어져 살던 유대인, 그리고 그리스, 이탈리아 남부, 폴란드, 러시아, 우크라이나, 유고슬라비아, 체코, 크로아티아 등지의 슬라브 민족이 대거 이주했다. 과거 주류 이민 집단이었던 북·서부 유럽인과는 달리 새로운 이민자들은 피부색이 비교적 검고 체구가 작았다. 또한 기존 이민자들이 개신교를 믿었던 것과 달리 남·동부 유럽 출신 이민자들은 가톨릭이나 유대교를 신봉했다. 이들은 아시아 출신 이민자처럼 특별한 기술이나 자격을 갖추지 못한 단순 노동자였고, 주류 백인이 꺼리는 노동조건도 마다하지 않고 저임금을 받으며 강도 높은 노동을 했다. 그럼에도 주류 백인들은 이들이 자신들의 일자리를 빼앗고, 임금수준을 떨어뜨린다고 비난했다. 또한 국가 재정에 부담을 주는 무익한 존재일뿐더러 이들이 고유한 언어·음식·종교·풍습·옷차림 등을 고수하며, 미국의 관습과 문화를 수용하려 하지 않는다고 주장했다. 당시 남·동부 유럽 출신 이민자는 백인과 흑인 사이의 '중간 인종' 또는 '견습 백인'probationary white으로 간주되었는데, 특히 남부 이탈리아 출신 이민자들은 마피아 범죄 조직과 연관되어 매도당하기도 했으며 '흑인만큼이나 질 낮은 민족', '유럽의 중국인'으로 불리기도 했다(손영호 2003).

영화 〈대부〉(1972년)에도 당시 이탈리아 출신 이민자에 대한 미국 사회의 차별적인 시선이 나타난다(진구섭 2020, 44). 뉴욕의 마피아 두목 마이클 코를레오네는 이탈리아계 미국인인데 앵글로·색슨계인 모 그린에게 라스베이거스 호텔을 내놓으라고 요구한다. 그러자 화가 난 모는 "빌어먹을 기니 놈!"이라며 마이클에게 욕을 한다. 기니는 노예무역으로 악명이 높던 서아프리카 해안 지역으로 18세기에 '기니'는 백인이 흑인을 경멸조로 부르는 말이었는데, 이탈리아 이민자도 기니인이라고 불렸다. 이탈리아계 이민자는 흑인 취급을 받았던 것이다.

이처럼 아시아 출신뿐만 아니라 동유럽 및 남유럽 출신 이민자에 대한 반감은 전국적인 토착주의 운동으로 전개되었고, 반이민을 내건 단체가 결성되었다. 1887년 미국보호협회American Protective Association, 1894년 이민규제연맹Immigration Restriction League 등이 창설되어 유대인, 가톨릭교도, 동유럽인 및 남유럽인, 아시아인을 배척하는 운동이 대대적으로 일어났다. 토착주의 운동을 이끈 보수주의자들은 이민자들 때문에 미국 내에 빈곤과 노동자 소요가 증가하고, 정치적 부패가 발생하며, 도심 지역 빈민촌이 증가한다고 주장했다. 인구조사의 총책을 맡았던 통계청의 수장 프랜시스 워커Francis A. Walker 장군은 만약 이민자들이 유입되지 않았다면 미국의 인구가 급속히 증가했으리라고 주장하기도 했다(고셋 2010, 421). 불결한 이민자들 때문에 미국의 환경이 오염되었고, 미국 토박이들은 이런 환경에서 자신의 아이를 양육하지 않으려 해 출생률이 저하되었다는 것이다.

1905년 백인 노동조합은 일본인과 한국인 배척 연맹Japanese

& Korean Exclusion League을 결성해 캠페인을 벌였는데, 주요 목표가 일본인과 한국인을 미국 땅에서 몰아내는 것이었다. 여기서 간략하게 한인들의 미국 이민사를 훑어보면, 한인 이주는 19세기 말부터 시작되었다.[*] 1903~05년 사이에 하와이 사탕수수 농장에서 부족한 노동력을 보충하기 위해 이주자를 구했고, 이에 약 7000명의 한인 노동자가 하와이로 이주해 갔다. 이미 많은 중국인이 하와이 사탕수수 농장에서 일했는데 1882년 〈중국인 배척법〉으로 이주가 중단되자, 이들 대신 일본인이 1885년부터 대규모로 이주하기 시작했다. 일본인이 전체 노동자의 80%를 차지하고, 이들이 임금 인상과 처우 개선을 적극적으로 요구하자 백인 농장주들은 또 다른 나라의 노동자를 받아들였는데, 그중 하나가 한국인이었다.

당시 우리나라는 조선왕조 말기로 정치적·경제적·사회적 혼란이 극심했다. 강화도조약 이후 조선의 수공업 기반이 붕괴되었고, 청일전쟁과 러일전쟁으로 농촌의 가옥과 임야가 파괴되어 농민들은 삶의 터전을 잃고 떠돌이 생활을 했다. 많은 조선인들이 만주·시베리아·서울·인천·원산·평양 등 대도시로 떠나 유민 생활을 했는데, 이 과정에서 유민들은 조선 사회의 전통적인 사회규범이나 의무로부터 자유로워질 수 있었으며, 인천과 같은

---

[*] 한인의 미국 이주 역사에 대해서는 윤인진(2013, 104~133)을 일부 참고했다.

개항장을 통해 신사상과 문물을 빠르게 받아들였다. 그리고 미국으로 이주할 기회를 접한 유민들은 주저하지 않고 그 기회를 잡았다. 하와이로 이주한 한국인 노동자들은 미국 본토의 철도 건설장, 과수원에서 일하면 하와이보다 임금이 많다는 소문을 듣고 1903~15년까지 1087명이 미국 본토로 옮겨 갔다. 이들은 캘리포니아 북부 태평양 연안 지역의 어장, 캘리포니아의 벼농사 지역과 과수원 농장, 유타·콜로라도·와이오밍의 광산과 철도 공사장 등지에서 일했다. 1905년 50명 남짓했던 미국 본토 내 한인은 1941년 1711명으로 증가했다. 노동자, 사진 신부,★★ 유학생으로 구성된 한인 사회의 규모는 1945년 해방 전까지 하와이에 약 6500명, 미국 본토에 약 3000명이었으며 미국 주류 사회와 고립된 생활을 했다. 중국인과 일본인만큼 많은 수는 아니었지만 19세기 말에서 20세기 초, 특히 일제강점기에 이주한 한인은 나라 없는 민족이라는 설움과 아시아인에 대한 배척 및 차별까지 짊어져야 했다.★★★

★★ 사진을 교환해 배우자를 정하고 이주한 젊은 여성을 '사진 신부'라고 했다. 일제강점기 하와이에서는 노동 이민을 떠난 한인 남성에 비해 여성이 절대적으로 적었다. 성비 불균형을 해결하고자 하와이 정부가 〈사진결혼법〉을 제정하면서 결혼을 위해 입국하는 여성이 증가했다. 사진 신부의 이민은 대략 1910년 시작해 1924년 미국 의회가 〈아시아인 배척법〉Asian Exclusion Act을 제정하면서 중단되었다.

반아시아인·반이민 단체들의 활발한 활동과 더불어 당시 신문 기사나 사설·삽화는 아시아인의 열등함·불결함·위협을 주장하는 내용이 많았다. 당시 가장 영향력 있는 신문 가운데 하나인 『뉴욕 데일리 트리뷴』*New York Daily Tribune*에서 최고의 편집자로 꼽혔던 호러스 그릴리Horace Greeley는 다음과 사설을 썼다.

> 그들(중국인)은 대개 근면하고 참을성이 많고 조용하고 평화로운 사람이다. 이 정도면 그들의 좋은 점에 대해 다 말했다. 그들은 미개하고 더럽고, 상상도 못 하게 추잡하며 수준 높은 가족 관계나 사회적 관계를 맺지 않는다. 성욕이 많고 관능적이며, 모든 여성은 기본적으로 창녀이고, 그들이 배우는 첫 영어 단어는 외설적 비속어다. 무엇보다 배우려는 의지가 없다(Greeley 1854/09/29).

중국인에 대한 멸시와 증오가 여실히 드러나는 이 글이 많은 미국인에게 읽히고 아시아인에 대한 그들의 생각에 부정적인 영향을 미쳤을 것임은 물론이다. 실제로 여러 단체와 매체의 반아시아인 선동은 대중에게 큰 영향을 미쳐 중국인을 겨냥한 집단 폭행이 곳곳에서 일어났다. '록 스프링스Rock Springs 중국인

★★★ 대한제국이 일본에 합병된 뒤 미국 사회에서 한인은 일본의 지배를 받는 일본인으로 간주되었으며, 제2차 세계대전 기간에는 적국 국민으로 분류되었다.

학살 사건'이 대표적이다. 1885년 와이오밍주 광산촌 록 스프링스에서 일어난 이 비극적인 사건은, 백인 광부들이 임금 인상 파업이 실패로 돌아가자 이를 중국인들의 잘못으로 돌리며 시작되었다. 백인 광부들은 중국인 마을로 몰려가 중국인을 보이는 대로 살해했는데, 행방불명자를 포함해 50여 명이 사망했다.

백인들이 미워한 것은 중국인만이 아니었다. 반일본인 정서도 컸다. 샌프란시스코 교육위원회 사건이 대표적인데, 1906년 샌프란시스코 대지진으로 다수의 학교 건물이 파손되어 학생들은 다른 학교에서 수업을 받아야 했다. 그러자 백인 학부모들은 일본인 학생들을 아시아인만 다니는 학교에 보내라고 정부에 요구했다. 이에 샌프란시스코 교육위원회는 아시아계 학생들을 아시아인 학교에 보내도록 명령했고, 한국인 학생 세 명을 포함해 모두 120명이 오리엔탈 공립학교로 전학 조치되었다. 이는 일본과 미국의 외교 문제로 비화되었고, 결국 양국은 1907년 신사협정을 체결했다. 미국 정부는 샌프란시스코의 일본인 학생들을 다시 백인 학교에 다닐 수 있게 허용하는 대신, 일본은 일본인들의 노동 이민을 자발적으로 중지한다는 것이 협정 내용이었다. 그 결과 일본인 이민자 수는 초기에 비해 10분의 1로 급감했다.

장태한(2004, 11, 12)은 역사적 장소 두 곳을 대비해 미국의 두 얼굴을 흥미롭게 설명한다. 서부 샌프란시스코에 있는 에인절 섬Angel Island과 동부의 엘리스섬Ellis Island이다. 유럽인이나 아프리카인은 대서양을 건너 미국에 왔으나, 아시아인은 태평양을 건너 미국에 왔으므로 이들이 거쳐야 하는 첫 관문도 서로 달랐다. '천사섬'으로 불리는 에인절섬에는 아시아인 이민자들이 거치는 검문소가 설치되어 있었다. 풍광이 아름다운 섬이었지만, 노골적인 차별을 보여 주는 핍박의 장소였다. 1910년에 문을 연 이 검문소는 아시아인의 이민을 억제하기 위한 이민자 수용소나 다름없었다. 아시아계 이민자들은 합법적으로 미국에 왔다는 사실이 증명될 때까지 최소 3일에서 최대 2~3년까지 창살 없는 감옥과 같은 이곳에 머물러 있어야 했다.

1882년 〈중국인 배척법〉으로 중단되다시피 한 중국인 이민이 1906년 샌프란시스코 지진 이후 다시 급증하면서 이민 심사가 엄격해졌다. 지진으로 이민 관련 문서가 전소되자, 중국인 이민자들이 미국에서 태어난 미국 시민권자라고 주장하며, 시민권자는 가족들을 미국으로 데려올 수 있다는 점을 들어 가족 이민을 신청하는 경우가 많았던 것이다. 그렇게 미국으로 이주한 중국인을 '종이 아들'paper son, '종이 딸'paper daughter이라고 불렀는데, 이들 가운데는 400~500달러를 수수료로 지불하고 다른 사람의 자녀로 위장한 채 입국하는 경우도 있었다. 미국 이민국은 중국인들이 서류를 조작한다는 사실을 알고 에인절섬에 이민국 검문소를 설치해 신원을 철저히 확인했다. 아시아계 이민자들은 집 창문의 개수, 친척의 이름 등 200~300가지 질문에 답해야했다. '종이 자녀'들은 에인절섬을 떠난 뒤에도 언제든 이민국

조사를 받을 수 있었기에 가짜 가족에 대한 자세한 정보를 기억해야 했다.

검문소의 처우는 매우 열악했다. 윗옷을 벗기고 검사했고 식사도 부실해 돼지에게 주는 음식 같다는 중국인 여성의 기록도 있다. 중국인이 수용소 건물 벽에 새긴 시가 발견되었는데, 여기서 그들의 비참한 생활을 엿볼 수 있다(이하 『신동아』 2018/08).

림林, 미국에 도착해서/ 붙잡히고 나무 건물에 수용됐고/ 그리고 죄수가 됐네/ 벌써 이곳에서 가을 동안 있었다네/ 미국인들은 내 입국을 거부했네/ 나는 추방 명령을 받았다네/ 그 소식을 들었을 때/ 나는 겁이 났고 내 나라로 돌아갈 일이 걱정됐네/ 힘없는 나라 중국의 백성인 우리는/ 자유가 없음에 그저 한숨만 쉴 수 있네.

일제강점기 한인들도 에인절섬의 이민 검문소에 수용되었는데, 1925년 유학생 최경식이 수용 당시 적었던 일기가 나중에 『신한민보』*에 게재되기도 했다.

만리 대양 지틴 손을/ 철창 장이 웬 일이며/ 소리 내여 우는 비가/ 안타까히 깨우단 말가/ 깁히 잠든 텬사섬아/ 내 노래를 듯나 마나/

★ 교민 단체인 국민회의 기관지로 샌프란시스코에서 1909년에 창간했다.

일천 강장 타오르는/ 이국 고객의 푸념일세/ 아모리 미국이 조타
기로/ 이처럼도 구차한가/ 내 어머님 알고 보면/ 얼마나 놀나실가/
망종들이 작란해논/ 국경 이란 언제 부심고/ 세게 동포 인류 형데/
하로 밧비 되고 지고.

_사월 삼일 미국 상항 텬사섬 이민국에서 비오는 밤에 최경식.

시에서 '상항'은 샌프란시스코의 일본식 표기이고, 텬사섬은
천사섬, 즉 에인절섬을 뜻한다. 최경식의 나라 없는 설움과 수
용소에서의 구차한 처지가 절절하게 전해진다. 그 밖에도 검문
소 건물 2층 중앙 기둥에 누군가의 이름과 날짜로 추정되는 "류
인발, 구월 륙일"이라고 한글로 적혀 있는 것이 발견되기도 했
다. 또한 검문소 건물 내 샤워장의 나무 벽 등을 비롯해 건물 곳
곳에서 총 200여 편의 중국어 시가 발견되었다. 새로운 땅에서
새로운 삶을 시작하겠다는 희망을 품고 먼 길을 왔으나 기약 없
이 수용 생활을 견뎌야 했던 아시아인은 일기와 시를 쓰며 치욕
과 절망을 달랬다. 2020년 아시아계 미국인에 대한 혐오 범죄
가 발생한 지역을 살펴보면 캘리포니아가 69%로 가장 많았다.
에인절섬에서 시작된 아시아인 혐오의 역사가 지금도 모습만 바
뀐 채 이어지고 있는 것은 아닐까?

한편, 유럽에서 배를 타고 대서양을 건너 미국으로 향한 유
럽 출신 이민자들은 첫 관문인 엘리스섬에서 입국 심사를 받았다.
1892년 이민국이 설치되어 1954년 폐쇄될 때까지 1700만여 명

의 이민자들이 엘리스섬을 통해 입국했다. 엘리스섬은 미국의 대표적인 상징물인 자유의 여신상이 있는 리버티섬Liberty Island에서 북쪽으로 800미터쯤 떨어져 있다. 유럽계 이민자들은 엘리스섬에 도착한 뒤 간단한 입국 절차를 밟고 바로 미국에서 새 삶을 시작할 수 있었다. 이들은 약 29개 질문에만 답하면 됐다고 한다(Yung 1995). 에인절섬에 장기간 수용되어 수백 가지 질문에 답해야 했던 아시아인과 대조된다.

미국 대중의 반아시아인 정서는 반아시아인 법들이 제정되면서 차곡차곡 제도화되어 갔다. 1913년 캘리포니아주 의회는 외국인 토지법을 제정해, 외국인의 토지 소유를 금지하고 토지 임대 기간도 최대 3년으로 제한했다. 이 법은 주로 일본계를 표적으로 삼았다. 일본인 이민자들은 미국 이민 후 초반에는 노동자로 열심히 일하다가 저축한 돈으로 농토를 매입해 자작농이 되기도 했다. 이런 사례가 늘자 불안감을 느낀 백인들은 이를 규제해야 한다고 주장했다. 일본계가 매입하는 농토는 실제로는 캘리포니아 전체 땅의 일부에 지나지 않았음에도 백인들은 캘리포니아의 노른자 땅을 일본인이 다 사들인다고 생각했다. 특히 1898년 하와이가 미국 영토로 수용되고 하와이에 살던 일본인 다수가 일시에 캘리포니아 지역으로 이주한 것도 이런 갈등을 악화시키는 요인이 되었다.

위협 이론threat theory에 따르면 사람들은 위협을 인지하면 방어기제가 작동해 정치 참여가 늘어난다고 한다. 그러나 이때 위협이 실제로 존재할 수도 있지만, 인식된 위협일 수도 있다. 즉, 위협이 존재하지 않거나 그다지 크지 않음에도 큰 위협이 존재한다고 여길 수 있다. 일본계가 매입한 농토는 실제로 규모가 작았음에도 백인들은 이를 큰 위협으로 느꼈다.

백인들이 일본인들에게 느낀 위협은 구성주의 이론으로 잘 설명된다. 구성주의에 따르면 구조는 객관적으로 외부에서 주어지는 것이 아니라 행위자들에 의해 사회적으로 결정된다. 즉, 인간은 자신의 경험으로부터 지식과 의미를 구성하기에, 세계는 행위자들이 어떤 지식을 공유하는지에 따라 의미가 새롭게 부여된다. 예를 들어, 미국 입장에서 북한이 보유한 핵탄두 5기는 영국의 핵탄두 500기보다 더 위협적으로 느껴질 수 있다. 미국은 영국을 우방국, 북한을 적성국으로 인식하기 때문이다(서울대학교 정치외교학부 정치학 전공 교수진 2002, 제10장).

일본인들의 농토 매입이 실제보다 위협적으로 느껴진 것은 백인들의 잠재의식에 내재한, 아시아인에 대한 인종차별 의식에서 비롯된 셈이다. 즉, 일본인들의 농토 매입이라는 객관적 상황에 대해 백인들은 기존에 공유한 인종주의 편견대로 의미를 부여했고 이는 백인들에게 가해지는 커다란 위협으로 인식되었다. 거기다가 미국 경제가 악화되고 실업자가 급증하자, 이를 이민자의 탓으로 돌리는 '희생양 찾기'가 시작되어 미국 내 반아시아인 감정이 높아진 것도 외국인 토지 소유 금지법을 제정하는 배경이 되었다. 이 법으로 말미암아 아시아인, 특히 일본인

이민자들은 경제적으로 큰 피해를 입었고 이전보다 더욱 빈곤해졌다.

이어서 1917년 〈이민법〉Immigration Act of 1917이 제정되었다. 이 법의 주요 목적은 동유럽과 남유럽 출신 이민자의 수를 억제하는 것이었다. 1860~1920년 사이 약 2500만 명의 이민자들이 대거 미국으로 유입되었다. 동부 및 남부 유럽 출신인 이들은 주로 이탈리아인, 폴란드인, 유대계 등으로 미국 동부와 중부 지방에 정착했다. 이들의 상대적으로 검은 피부, 이질적인 종교(가톨릭, 유대교)에 반감을 가진 주류 백인들은 이들의 이민을 억제하라는 목소리를 높였다. 미국 정부는 1917년 〈이민법〉을 통해 각 나라의 이민 쿼터를, 1910년 각국 이민자 인구를 기준으로 삼고 그 인구의 3%로 제한했다. 그리고 이민 불허 지역(인도·동남아시아·인도네시아·뉴기니·아라비아·아프가니스탄·시베리아 등)을 설정해 이 지역 사람의 이민을 허용하지 않았다. 또한 이 법은 16세 이상 이민자에게 문해 시험literacy test을 실시하도록 규정했다. 그런데 이 규정은 효과가 적었다. 인구 제한 기준 연도인 1910년에 이미 동·남부 유럽 출신 이민자들이 미국에 많이 거주하고 있었기 때문이다. 따라서 그 인구의 3%로 제한해도 여전히 적지 않은 수가 계속 이주할 수 있었다.

1917년 〈이민법〉의 한계를 보완하고자 개정된 법이 1924년 〈이민법〉이다. 당시 존 캘빈 쿨리지John Calvin Coolidge 대통령은 법안에 서명하면서 "미국은 미국적이 되어야 한다"America must

1924년 〈이민법〉에 서명하는 존 캘빈 쿨리지 미국 대통령

remain American라고 말했다. 미국이라는 국가의 기반이 백인 중심적이며 인종차별적임을 시사한다.

　미국 이민사에서 가장 인종차별적 악법으로 평가되는 1924년 〈이민법〉은 〈출신국가법〉National Origins Act과 〈아시아인 배척법〉으로 구성되어 있다. 〈출신국가법〉은 인구 기준 연도를 1910년이 아니라 1890년으로 변경하고, 당시 미국에 거주하는 이민자의 2% 한도에서 각국의 이민을 허용하는 내용을 담았다. 1890년에는 동·남부 유럽인 이민자 수가 1910년보다 매우 적어 이들의 이민 쿼터가 크게 감소했다. 아시아인에게 치명적이었던 것은 〈아시아인 배척법〉이었는데, 미국 시민이 될 자격이 없는 외국인의 이민을 금지한다고 명시했다. 이 법은 말 그대로 미국 시민이 될 자격이 원천적으로 부여되지 않는 아랍인과 아시아인의 이민을 전면적으로 금지하는 것이었다.

'더러운' 아시아인이 '두려운' 아시아인으로

　아시아인에 대한 인종적 박해와 핍박은 19세기 후반 황화론이라는 새로운 담론의 등장으로 더욱 극심해졌다. 황화론은 '황색 위험'을 뜻하는데,* 이전까지 아시아인에게 덧씌운 이미지가 '선임병을 불러일으킬 만큼 불결하고 더러운 존재'였다면 여기에 하나가 추가되었다. 바로 아시아인은 '위험한 존재'라는 이

작가 : Hermann Knackfuss
자료 : 위키미디어 커먼스

황화

1895년 빌헬름 2세의 스케치를 바탕으로, 그에게 후원받은 헤르만 크낵푸스가 그린 석판화로 1898년 1월 22일 「하퍼스 위클리」에 실렸다.

미지였다. 황화론은 아시아인의 확산에 대해 유럽과 미국 등 서구 사회가 경계심을 품으며 등장한 담론으로, 1895년 여름 독일 황제 빌헬름 2세Wilhelm II가 직접 스케치한 그림에서도 잘 드러난다. 이 그림에는 "유럽의 민족들이여, 당신들의 가장 신성한 재산을 지켜라"라는 문구가 달려 있다. '누구'로부터 그들의 재산을 지켜야 하는지는 그림의 오른쪽에 나와 있다. 도시가 불타 연기가 피어오르고 있는데, 연기가 용의 모습으로 뭉쳐지고 있으며 짙은 연기 위로 부처의 모습이 보인다. 용, 부처가 상징하는 아시아로부터 그들의 재산을 지키자고 한 것이다.

그 왼쪽에는 독일인의 수호천사인 천사장 미카엘이 손가락을 들어 광활한 풍경을 가리키고 있다. 미카엘 뒤에는 여러 사람이 무장한 채 서있는데, 그들은 미카엘이 소집한 유럽 각국의 천재들이다. 빌헬름 2세는 이 그림을 통해, 중국인들의 대규모 이주와 일본의 세력 강화 등 '황인종의 위협'에 맞서 십자가를 수호하기 위해 유럽 열강이 서로 단결해 싸워야 한다고 주장했다.★★

★ 서구가 아시아를 가리키는 용어인 '황색 위험', '아시아적 유목민', '동양적 전제군주제' 등에는 모두 불길함, 위협, 혐오스러움이 담겨 있다(정진농 2003, 9).

★★ 청일전쟁 강화회의에서 일본이 시모노세키조약을 체결해 청나라의 조선 간섭을 물리치고 조선과 만주까지 지배력을 확장하자, 프랑스·독일·러시아는 외교적으로 개입해 요동반도를 청나라에 반환하게 하는 등 일본을 견제했다. 이런 상황이 그림의 배경이다.

빌헬름 2세가 스케치한 그림은 황화론이 서구 사회에서 확산되는 데 큰 역할을 했는데, 그가 그렇게까지 황인종의 위험을 경고한 데는 서양 제국주의 열강 사이에서 주도권을 행사하려는 의도가 있었다. 트럼프 전 미국 대통령이 코로나19 바이러스를 미중 경쟁 구도 및 자신의 재선에 이용했듯이 빌헬름 2세도 황화론을 제국주의 정책 수단으로 이용했다. 그는 황인종의 위험을 지속적으로 경고함으로써 영일동맹을 맺은 영국을 고립시키고, 러시아의 관심을 동아시아에만 머물게 해 유럽 문제에 개입하지 못하도록 하며, 미국이 동아시아에서 영국 및 일본과 협력하는 것을 차단하려고 했다(Gollwitzer 1962; 나인호 2019에서 재인용).

왜 서구는 갑자기 아시아인에게 불결한 이미지에 더해 위험하다는 프레임까지 씌웠을까? 우선 황화론은 19세기 중엽 이후 중국인들이 미국을 비롯한 서구 사회로 대규모 이주를 하면서 촉발되었다. 그 후 청일전쟁과 의화단사건*을 거치며 빠르게 퍼졌고, 러일전쟁 이후 절정에 달했다. 특히 1904~05년 만주와 한반도의 지배권을 두고 러시아와 일본이 벌인 러일전쟁은 황화론이 확산되는 데 매우 중요한 계기가 되었다. 러일전쟁에서

★ 청나라 말기인 1900년 산둥 지방, 화베이 지역에서 의화단이 일으킨 외세 배척 운동을 말한다. 당시 농민, 보수적 관료, 지방의 (명나라와 청나라 시대 사회 지배층이었던) 신사紳士 등은 모두 그리스도교를 반대했다. 이에 의화단이라는 종교 결사가 조직되어 반그리스도교·반제국주의 운동을 일으켰다.

일본이 승리하는데, 이는 근대 역사에서 백인 세력이 비백인 세력에게 밀린 최초의 패배였다. 중국인의 대량 이주와 팽창하는 일본의 군사력은 야만적이고 미개하다고 생각했던 아시아인이 문명화되어 곧 서구 국가를 정복하리라는 두려움으로 나타났고, 이 두려움이 바로 황화론의 요체다.

황인종이 서구 백인 중심 국가들에게 위협이 될 것이라는 주장은 다양한 측면에서 제기되었다. 첫째, 황인종 민족, 특히 중국의 거대한 인구에서 기인한 두려움이었다. 머릿수가 월등히 많은 황인종이 근대적 무기로 무장해 봉기하면, 동아시아에서 백인들을 몰아내고 아시아를 제패하는 데 그치지 않고 세계를 정복할지도 모른다는 것이었다. 특히 고비노는 러시아가 부설하는 유라시아 대륙횡단철도가 고대 슬라브족, 게르만족, 중세 다디르족 등이 이동한 경로와 같고, 이 경로가 대량 이주를 하고 있는 중국에 열려 있다며 두려워했다. 고비노는 심지어 중국인을 무서운 황색 야만인으로 묘사했는데, 서구가 이들에 의해 앞으로 10년 안에 몰락할 것이라고 예견하기도 했다(Gobineau 1970). 둘째, 동아시아의 빠른 산업화와 자본주의 발전에 대한 두려움이었다. 특히 일본이 빠른 속도로 경제 발전에 성공하자, 유럽 및 미국의 자본가·기업가·상인 등은 공포에 사로잡힌 채 이제까지 백인이 지배해 온 식민지를 일본이 서서히 빼앗아 갈지 모른다고 생각했다. 또한 국내 경제적인 측면에서, 백인 중심 국가들의 노동계급은 노동력을 값싸게 제공하는 대규모 쿨

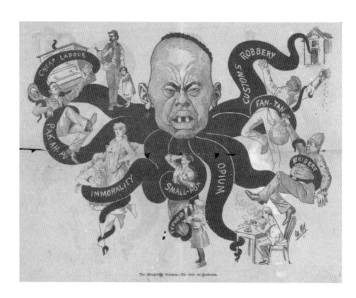

자료 : National Museum of Australia

문어와 같은 몽골인종, 오스트레일리아를 움켜쥐다

1886년 8월 21일 『불러틴』 *The Bulletin* 에 실린 삽화이다.

리*들과 일자리를 두고 경쟁할 것을 두려워했다. 마지막으로, 황화론은 군사적 측면에서 서구의 두려움이 표출된 것이기도 하다. 러일전쟁에서 일본이 승리하자, 미개하고 무력하다고 믿었던 아시아에서 결코 무시하지 못할 군사력이 등장했음이 확실해졌다. 황인종이 세계를 지배할 수 있다는 가능성이 구체화되면서 황인종에 대한 공포도 강화된 것이다. 〈문어와 같은 몽골인종, 오스트레일리아를 움켜쥐다〉The Mogolian Octopus: His Grip on Australia라는 그림은 이런 황색 위험을 잘 보여 준다. 몽골인 남성에게 달린 문어 발 여덟 개에 휘감긴 백인들이 고통스러워하고 있다. 문어 발에는 부도덕성, 세관 강도질, 뇌물 수수, 아편, 값싼 노동력, 천연두, 장티푸스 같은 단어들이 적혀 있어 다방면에서 서구를 괴롭히는 아시아인을 표현한다. 무엇보다 동양인을 인간의 머리에 문어의 몸이 붙어 있는 것으로 그려 이민자를 인간이 아닌 동물에 비유하는 인종차별주의 시각을 드러낸다.

사회적 '공포'가 인종 고정관념을 형성하는 데 중요한 역할을 한다는 것을 보여 주는 흥미로운 연구가 있다(아가왈 2021, 66, 67, 88). 윌리엄스 증후군Williams syndrome이라는 희귀 신경 발달

★ 19세기에서 20세기 초까지의 중국인과 인도인 등 아시아계 노동 이민자를 가리킨다. 노예제도가 없어지자 유럽은 인도·중국·일본·조선 등에서 장기 계약을 맺어 사람들을 세계 곳곳으로 데려가 일을 시켰다. 최초의 이주 노동자라고 할 만한 쿨리는 준노예 상태의 단순 계약직 노동자로 매우 열악한 환경에서 힘든 노동을 했다.

장애를 겪는 사람들은 사회적 상황에 따르는 두려움을 느끼지 못해 유독 사교적인 성격을 보인다. 이들은 낯선 사람을 두려워하지 않으므로 누구를 만나든 5분 안에 그 사람을 매우 친한 친구로 인식하는데, 이들에게 젠더 고정관념은 있지만 인종 고정관념은 극히 낮다. 즉, 윌리엄스 증후군의 특징인 사회적 공포의 결핍이 인종 편향을 억제하는 역할을 한다. 거꾸로 말하면 인종적 편견의 형성에 사회적 공포가 큰 역할을 한다. 이를 다시 황화론에 적용해 보면, 아시아인에 대한 공포를 앞세우는 황화론은 대중의 인종적 편견을 더욱 강화했으리라 추측할 수 있다.

19세기 말 황화론은 유럽·미국·오스트레일리아 등 서구 사회를 휩쓸었는데, 중국인이나 일본인, 또는 이 둘 모두를 표적으로 삼았고, 때로는 러시아가 포함되기도 했다. 그렇다면 당시 황인종은 정말 서구 사회에 위협적인 존재였을까? 황화론이 제기되던 시기는 서구 제국주의의 절정기였다. 제국주의 열강의 착취와 강탈에 대한 반발로 제3세계에서는 민족주의 운동이 벌어지고 있었고, 탈식민화 운동이 전개되던 때였다. 야만적인 황인종이 서구를 지배하리라는 황화론의 주장은 과장됐을 뿐만 아니라 오히려 비서구 세계에 대한 서구의 정복과 식민 지배를 정당화하는 기제로 작동했다. 야만적이고 위험할지 모를 아시아인의 힘이 커지기 전에 이들을 길들이고 지배해야 한다는 논리를 제공한 것이다. 즉, 황화론에는 제국주의 열강이 제3세계와 해외 시장에서 정치적·경제적·군사적 주도권을 유지·강화하겠다는 욕망이 담겨 있다. 이와 함께, 황화론이 제기된 때가 19세기의 '세기말'이었다는 점도 황화론의 또 다른 의미를 드러낸다. 돌아보면 2000년을 앞두고 세계를 불안에 사로잡히게 했던 밀레니엄 버그 소동도 경험하지 못한 세계에 대한 두려움이 불러온 세기말의 혼돈이었다. 19세기 말 역시 새로운 세기를 앞두고 염세적인 분위기가 퍼졌는데, 황화론에도 이런 심성이 엿보인다. 서구가 쇠퇴하고 있으며 조만간 몰락하리라는 염려와 함께, 아시아 국가들의 득세와 팽창에 대한 공포가 극대화되었던 것이다. 황인종의 위협 앞에 서양 문명이 붕괴할지도 모른다는 염세적인 주장은 최후의 날이 멀지 않았다는 종말론적 주장으로 확장되기도 했다(나인호 2019, 225).

　미국에서 황화론은 아시아인에 대한 폭력으로 거세게 표출되었다. 당시 미국에서 유행하던 황화론적 정서를 잘 묘사한 삽화 〈절정에 달한 황색 공포〉The Yellow Terror in All His Glory를 보면, 변발한 중국 남성이 바닥에 쓰러진 백인 여성을 밟고 서있다. 중국인 남성은 오른손에 총을 들고 입에 칼을 문, 폭력적이고 야만적인 모습을 하고 있으며, 백인 여성은 중국인 남성에게 짓밟힌 채 피를 흘리며 쓰러져 있다. 이 그림에서 아시아인은 미개하고 위험하며 야만적인 인종으로 그려진다. 황화론은 이런 아시아인을 잘 길들여야 한다는 논리를 제공했으며, 아시아인에 대한 차별과 억압을 정당화하는 도구로 사용되었다. 이런 맥락에서 아시아인이 값싼 노동력을 제공하던 농장 지대, 광산, 철

절정에 달한 황색 공포

의화단사건이 일어난 1899년 발표된, 아시아인 차별주의가 담긴 삽화로 반식민주의를 외치는 청 왕조 시대의 중국인 남성을 그렸다. 중국인 남성의 폭력에 희생된 쓰러져 있는 백인 여성은 서구 세계를 상징한다.

도 공사장* 등지에서 그들에 대한 폭력이 빈번하게 발생했다. 황화론은 이미 존재하던 반아시아인 정서에 기름을 붓는 격이었고, 결국 미국 의회는 1924년 아시아인 이민을 전면적으로 금지하는 〈이민법〉을 통과시켰다.

1924년부터 제2차 세계대전까지 미국 내 아시아인은 고통스러운 시간을 보냈다. 이들은 시민권을 인정받지 못했고, 이등 시민으로 차별 대우를 받았다. 1924년 〈이민법〉 제정으로 아시아인의 이민이 금지되자 미국 내 저임금 노동력이 부족해졌는데, 그 공백을 메운 것이 필리핀인들이었다.** 당시 필리핀은 미국의 식민지였고, 필리핀 사람들은 미국 시민이 아니었지만 그렇다고 외국인도 아니었다. 미국 여권이 있는 필리핀인은 다른 아시아인보다 미국으로 이주하기가 쉬웠는데, 이들도 인종차별의 대상이자 저임금 노동자였다.

미국 내에 필리핀계 아시아인이 증가하자 극우파 백인들은 이번에는 반필리핀 운동을 전개했다. 1930년 택시-댄스홀 사건

★ 평균적으로 철도가 2마일(3.2킬로미터) 늘어날 때마다 중국인 노동자 세 명이 목숨을 잃었다. 그럼에도 1869년 5월 10일 유타주 골든 스파이크에서 유니언 퍼시픽 철도와 센트럴 퍼시픽 철도의 연결을 기념한 사진 촬영에 중국인은 백인 철도 노동자들과 함께 포즈를 취하도록 허락되지 않았다(홍 2021, 39).

★★ 1920~40년대 필리핀인의 미국 생활은 장태한(2004, 93~103)을 참고했다.

은 필리핀인들에 대한 백인들의 반감이 폭력행위로 표출된 사례다. 이는 백인 남성 400여 명이 댄스홀을 습격해 필리핀 남성들을 무차별적으로 폭행한 폭동 사건이었다. 당시 하루 일을 마친 필리핀 노동자들이 택시를 타고 댄스홀에 가서 유흥을 즐기곤 했는데, 그곳에서 백인 여성과 데이트를 하거나 때로 결혼으로 이어지기도 했다. 중국인·일본인·한국인은 유교 사상의 영향으로 백인 여성과 교제하는 경우가 드물었지만,* 수백 년간 서구 식민 지배를 경험한 필리핀인들은 백인과의 데이트를 크게 꺼리지 않았다. 이 때문에 필리핀 남성에 대한 백인 남성의 인종적 증오가 더욱 거셌다.

1934년에는 필리핀인도 다른 아시아인처럼 '미국 시민이 될 자격'이 없는 외국인 신분으로 분류되어 미국 이민이 거절되었다. 미국 정부가 필리핀 독립을 약속하면서 필리핀인의 법적 신분을 미국 영토인에서 외국인으로 변경했기 때문이다.** 1941년 제2차 세계대전 당시 루스벨트 대통령은 필리핀인에게 미국 군

★ 문화적 차이도 있었지만 제도적으로도 금기시되었다. 1664년 메릴랜드에서 처음으로 인종 간 결혼 금지법이 제정된 이후, 1948년 캘리포니아주 대법원이 처음으로 인종 간 결혼 금지법을 폐지하라는 명령을 내리고 1967년에 미국 연방 대법원이 이를 위헌이라고 선언하기 전까지 남부와 서부를 중심으로 약 3분의 2의 주들은 백인과 유색인종 사이의 결혼을 불허했다. 또한 중국인과 일본인이 많이 거주하던 서부에도 인종 간 결혼 금지법이 있었고, 중국인과 일본인은 몽골계로 분류되어 백인과 결혼할 수 없었다.

대에 입대해 전장에 나가 싸우면 시민권을 주겠다고 약속했고, 많은 필리핀 청년들이 목숨을 걸고 미국을 위해 싸웠다. 정확한 통계는 없지만 필리핀계 미국인으로 이루어진 필리핀인 1보병연대와 2보병연대가 편성되었고, 약 20만 명이 미군으로 복무한 것으로 알려져 있다(후지타니 2011). 그러나 미국 정부는 약속을 지키지 않았다. 1942년 3월, 〈전쟁수행권한법〉Second War Powers Act은 군대 내 비시민권자들이 공식 절차를 거치지 않고도 미국 시민이 될 권리를 부여했으나, 미국이 승전한 뒤 1946년 2월 〈무효법〉Rescission Act of 1946을 통해, 필리핀계가 미국 시민이 되어 퇴역 군인 수당을 받을 수 있게 하겠다고 한 루스벨트 대통령의 약속을 무효화했다. 반세기가 지나 고령이 된 필리핀계 참전 용사들이 미국 법원에 소송을 제기하고 나서야 뒤늦게 가까스로 시민권을 부여받았다.

미국 거주 아시아인의 지위는 늘 국제 정세의 영향을 받았다. 최근에는 코로나19 발생이라는 외부 현상이 미국 내 아시아인을 혐오의 표적이 되게 했듯이 말이다. 제2차 세계대전으로 미국

★★ 필리핀의 독립과 관련해 미국 내 제국주의자들은 인종주의에 기대어 '필리핀인이 태생적으로 자치 정부를 운영할 능력이 없으며, 최악의 상태에 있던 스페인의 지도를 받은 열등한 동양인들'이라고 주장했다. 또한 이들에게는 앵글로·색슨족이 지닌 타고난 정치적 권리가 없으며, 따라서 필리핀에 독립을 허용하는 것은 가장 잔인한 행위라고 말했다(Kramer 2006; 박준병 2020).

과 일본은 우방에서 적국이 되었고, 미국과 함께 일본에 맞서 싸운 중국은 적국에서 우방이 되었다. 이에 따라 1943년 〈중국인 배척법〉이 폐지되고 중국인 이민이 재개되었다. 그러나 제2차 세계대전 이후 새롭게 떠오른 '황화' 일본에 공동으로 대응할 동맹국이었던 중국을 다독이고 미국의 국제적 이미지를 제고하는 차원에서, 그리고 전후에 중국과 경제적 관계를 맺을 기초 공사의 의미로 매년 100명 정도씩 제한적으로 이민이 시행되었다.

반면 일본계들은 심각한 인권유린을 경험하게 되는데, 이를 두고 오바마 대통령은 미국 역사상 가장 어두운 부분이라고 했으며, 바이든 대통령은 미국 역사상 가장 수치스러운 시기라고 지칭했다. 1942년 2월 19일 루스벨트 대통령은 행정명령 9066을 발동해 일본계 시민 약 12만 명을 포로수용소에 2~4년 동안 감금하는 조치를 단행했다.* 이 행정명령은 태평양 연안 일곱 개 주의 일본인에게 적용되었다. 아이러니하게도 정작 진주만공격이 있었던 하와이의 일본인은 거의 피해가 없었다. 일본인이 하와이

★ 행정명령 9066으로 말미암아 한인도 피해가 컸다. 하와이와 캘리포니아 지역에 거주하던 한국인들도 일본인으로 오인받아 체포되거나, 길거리를 가다가 폭행당하는 일이 많았다. 이에 재미한족연합위원회는 모든 한국인에게 "우리는 한국인이다"We are Koreans라고 쓰인 증명권, 옷깃에 다는 증명패, 자동차에 부착하는 스티커 및 집과 가게에 붙이는 포스터 등을 발급했다(세계한민족문화대전 홈페이지에서 '행정명령 9066' 참고).

인구의 상당 부분을 차지했고, 하와이 경제에도 적지 않은 영향력을 행사하고 있었기 때문이다. 한편, 수용소에 감금된 일본계 가운데 3분의 2인 7만 9000여 명은 미국에서 태어난 이민 2세대로서, 영어가 일본어보다 편하며 자신을 미국인으로 생각하는, 미국에 완전히 동화된 사람들이었다. 미국 정부는 이들에게 불과 며칠 만에 손으로 들 수 있는 정도의 짐만 소지하고 특정 장소에 집합하라고 명령했고, 영문도 모른 채 소집된 일본계는 높은 철조망으로 둘러싸인 수용소에, 혹은 제대로 된 수용소가 지어지기 전에는 종종 가축우리에 수년간 감금되어 강제 노역을 하기도 했다. 수용소는 사막이나 고원처럼 극한 환경에 위치한 경우가 많았기에 수용자들은 엄청난 더위, 오염된 음식과 물 등으로 고통받았고, 말라리아와 같은 질병에 시달렸다. 전쟁이 끝나 갈 무렵 일본인들은 풀려났지만 자산이 대부분 몰수되어 재기할 기반을 잃었다.

앞서 3장에서 인종주의의 조력자로 법을 꼽았는데, 일본계를 강제 수용할 때도 그랬다. 미국 연방 대법원이 정부의 일본계 강제 이주를 정당화하는 판결을 내렸기 때문이다. 이 판결의 주인공인 일본계 미국인 프레드 코레마츠Fred Korematsu는 캘리포니아 오클랜드에서 태어났다. 그는 미 해군에서 군무원으로 일하다가 진주만공격으로 직장을 잃었는데, 격리 조치에 응하지 않고 도주했다가 체포됐다. 이에 그는 인권 단체인 미국시민자유연맹American Civil Liberties Union, ACLU과 함께 소송을 제기했다. 이

프레드 코레마츠의 묘비

코레마츠는 1919년 미국 오클랜드에서 태어났다. 시민권 운동가로 활동했으며, 미국의 인종 차별에 맞선 공로로 1998년 1월 대통령 자유 메달을 수상했다. 코레마츠의 비석에는 "그는 우리가 다른 나라의 폭정에 맞서 싸우는 동안에도 우리 시민의 권리를 옹호할 것을 상기시키며 국가의 양심에 도전했다"라고 적혀 있다.

소송에 대해 연방 대법원은 1944년 12월 18일 6 대 3의 판결로 '긴급한 위험 상황을 고려하면 일본계를 소개하는 조치는 적법하다'라는 판결을 내렸다. 대법원은 연방 정부의 강제 이주 명령이 국가 안전 유지에 절실히 필요한 조치여서 합헌이라고 본 것이다. 미국 사법부 역사에 악명 높은 판결로 기억되는 코레마츠 소송은 사법부가 인종주의의 합법화에 기여하는 과정을 잘 보여준다.

어떻게 이런 인권유린이 벌어질 수 있었을까? 우선은 전시의 공포와 불안을 들 수 있다. 일본의 진주만공격은 전시의 광기와 히스테리를 촉발해 일본계 미국인을 적성국 시민으로 취급하도록 했다. 특히 일본인과 흑인의 인종 동맹에 대한 백인 사회의 우려가 있었는데, 불온한 일본인들이 흑인 사회에 들어가 인종 반란을 촉진하고 흑인을 선동해 폭동을 일으킬지 모른다는 주장이 제기되기도 했다. 실제로 방첩대는 「미국 니그로 사회에 침투한 일본인의 인종 선동」Japanese Racial Agitation among American Negroes이라는 보고서를 널리 배포했다. 점차 일본인은 믿지 못할 인종이니 강제수용소에 가둬야 한다는 논리가 힘을 얻었다.

또한 당시에 선거가 있었다는 점도 주목할 만한데, 캘리포니아주 선거에서 일본계 미국인의 수용 문제는 뜨거운 이슈였다. 이런 상황에서 이들의 포로수용소 감금에 반대하는 것은 선거를 앞둔 정치인들에게 좋은 선택이 아니었다.

전쟁이 끝난 뒤 일본인 피해자들을 중심으로 명예 회복 운동이 이루어졌는데, 1988년 마침내 레이건 대통령이 과거의 잘못을 인정하고 공식 사죄했으며, 〈시민의 자유법〉Civil Liberties Act of 1988(강제수용 보상법)을 만들어 생존자 6만 명에게 1인당 2만 달러의 배상금을 지급한 바 있다. 당시 레이건 대통령은 "인종적 편견과 전시 상태의 집단 히스테리에 휘둘린 정치적 과오"였다고 인정했다. 그런데 이는 인권유린 역사에 대한 자발적 반성에서만 비롯된 결정은 아니었다. 일본계 변호사들의 노력으로 먼슨 보고서Munson report가 발견되어 미국 정부가 일본계 미국인의 충성심을 확인하고도 포로수용소에 감금했다는 사실이 드러난 것이다(강준만 2010). 먼슨 보고서는 1941년 커티스 먼슨Curtis B. Munson이 루스벨트 대통령의 지시로 작성한 보고서로, 일본계 미국인은 충성심이 강해 전쟁 발발 시 미국에 위협이 되지 않을 것이며 오히려 공산주의자들이 더 위험하다고 주장했다. 그럼에도 일본계를 포로수용소에 감금했으니 미국 정부로서는 사실을 인정하고 공식 사죄를 할 수밖에 없었던 셈이다.

미국은 일본뿐만 아니라 나치 독일, 이탈리아 파시즘과도 전쟁을 했으나 독일계나 이탈리아계 미국인을 감금하지는 않았다. 이들의 거주 이전의 자유를 제한하거나 요주의 인물을 감금하기는 했지만, 특정 국가 출신의 무고한 시민 전체를 집단적으로 장기간 포로수용소에 감금한 것은 일본계가 유일했다. 이는 중국인의 이민이 시작되면서 형성된 반아시아인 정서와 뿌리 깊은 인종차별주의로 설명된다. 당시 미국에서 일본과의 전쟁을 인종 대결로 보는 시각이 강했을 뿐만 아니라, 일본의 진주만 폭격을 황화론의 예언이 실현된 것으로 받아들여 큰 충격을 받았다고 한다 (진구섭 2020, 133). 일본계를 소개하기 직전에 『로스앤젤레스 타임스』*Los Angeles Times*는 다음과 같이 적었다.

"어디서 부화하든 독사는 독사다. 일본인 부모에게서 태어난 일본계 미국인도 그렇다. 그는 미국인이 아니라 일본인이 되기 위해 자란다"(후지타니 2011에서 재인용).

또한 아이다호 주지사는 일본인은 쥐처럼 살고 번식하고 행동한다며, 이들을 모두 일본으로 추방해야 한다고 주장했다.

그러나 제2차 세계대전에서 가장 많은 훈장을 받은 미군 부대는 어디였을까? 바로 대부분 일본계 미국인으로 구성된 100보병대대와 442연대 연합전투부대였다(장태한 2004, 119, 120). 하와이 거주 일본인으로 구성된 100대대는 1943년 9월 이탈리아에서 전투를 시작했고, 1944년 6월에 새로 도착한 442연대의 연합전투부대에 부속되었다. 이들은 숱한 전공을 세워 다수의 훈장을 받았다. 명예훈장 21개, 수훈십자훈장 52개, 은성훈장 559개, 대통령의 부대 표창 8개, 수훈장 1개, 그리고 9486개의 상이기장 등이었다(Go for Broke Educational Foundation; 후지타니 2011, 356에서 재인용).

많은 일본계 청년들이 미국에 대한 충성과 애국심을 증명하려고 자원입대했다.* 제2차 세계대전 기간 동안 군대에서 복무한 일본계 미국인의 숫자는 3만 3000여 명**으로 기록되어 있는데, 일본계 미국인은 백인과 같은 부대에 편성되지 않고 그들로만 구성된 부대로 보내졌다. 일본계 젊은이들은 적성국 외국인을 뜻하는 '4-C' 신분으로 분류되어, 일본과의 태평양전쟁이 아니라 독일 및 이탈리아와의 최전방 싸움에 총알받이로 투입되었다. 일본과의 전투 중에는 이들이 미군에게 총부리를 돌릴지 모른다는 의심 때문이었다.

그렇다면 일본을 적성국으로 간주하고 일본계 미국인을 강제 수용하기까지 했던 미국 정부는 이들을 왜 군대에 받아들였을까? 그것도 백인들과 분리해 부대를 편성하면서까지 말이다. 이에 대해 후지타니(2011, 61, 153)는 두 가지 이유를 제시한다. 첫째, 총력전을 펼치는 미국 입장에서는 일본계 미국인처럼 작은 노동력조차 무시할 수 없었다. 당시 미국 본토에 12만 6947명, 하와이에 15만 7905명의 일본계 미국인이 있었는데, 이들을 군대에 받

★ 미국에 대한 충성심을 보이려 입대한 일본계도 있었으나 효용적인 이유로 입대를 결심한 일본계도 존재했다(후지타니 2011, 333). 그들은 '수용소를 떠나고 싶어서' 또는 '군 복무가 앞으로 취업에 도움이 될 것' 등의 이유로 입대했다.

★★ 1940년 7월 1일부터 1946년 11월 30일까지 복무한 모든 일본계 미국인의 숫자가 3만 3000여 명이고, 범위를 좁혀 진주만공격부터 1945년 8월 종전까지 군대에 있던 일본계는 2만 3500여 명이었다 (후지타니 2011, 60, 61).

아들여 전쟁에 승리하는 데 최대한 활용하고자 했다. 둘째, 다양한 내국인을 관리해 유색인 세계 전체에 미국의 힘을 과시하려 했던 미국 정부는, 전쟁에서 목숨을 걸고 미국을 위해 싸우는 일본계의 충성심은 포용적인 미국을 드러내는 좋은 표식으로 여길 만했다. 이런 이유에서 미국 정부는 수용소를 계속 운영하면서도 일본계의 미국 입대를 독려하는 이율배반적인 모습을 보였다.★★★

차별의 역사에 변화의 바람이?

전쟁이 끝난 뒤 미국 거주 아시아인에 대한 처우도 서서히 변하기 시작했다. 1946년 필리핀인과 인도인에 대한 이민 금지

★★★ 흥미롭게도 442부대를 이끌고 여러 전쟁에서 혁혁한 공을 세운 사람이 한국계 미국인 김영옥 대령이었다. 독립운동가 김순권의 아들로 미국에서 태어나 한국계 최초의 미 육군 장교가 되어 제2차 세계대전에 참전했다. 이탈리아와 프랑스 전선에서 전공을 세우고 제대한 뒤 한국전쟁이 발발하자 자원입대해 중부 전선 60킬로미터를 북상한 주역으로 활약했다. 한국인 유격대를 지휘하며 정보 수집 임무를 수행했고 미 7사단 31연대 정보참모로도 활동했다. 한국전쟁 이후 500여 명의 전쟁고아를 돌본 것으로 알려졌으며 1960년대 한국군 군사고문을 맡아 방어 계획을 개편하고 한국군 최초의 미사일 부대 창설에 기여했다.

가 해제되어, 1년에 각각 100명씩 이민이 허용되었다. 또한 전후의 미국 아시아인 이민사에서 가장 의미 있는 법 가운데 하나인 〈맥커런-월터법〉McCarran-Walter Immigration Act(〈이민 및 국적법〉)이 1952년에 제정되었다. 이 법은 현대 미국 이민법의 초석이 된 포괄적인 이민법으로서, 좀 더 강력한 국가별 할당제를 실시하고 고학력자와 기술 인력에게 이민 우선권을 주었다. 이 법으로 한국인과 일본인에 대한 이민 금지가 해제되어 연간 일본인 105명, 한국인 100명으로, 좁지만 이민의 문호가 개방되었다. 또한 〈맥커런-월터법〉은 아시아인에게 시민권을 배제하는 조항을 폐지해 미국 시민이 될 자격을 처음으로 인정했다.★ 그러나 이 법은 출신 국가별 인원수를 산정할 때 1920년대 인구조사에 근거하고 유럽 지역으로부터의 이민을 옹호하는 등 인종과 민족을 차별한다는 비판을 받고 1965년에 개정되었다.

　1965년 〈이민 및 국적법〉은 미국 내 아시아인의 지위에 큰 영향을 준 제도적 변화였다. 이를 계기로 아시아인의 미국 이주가 새롭게 시작되었다. 1965년 〈이민 및 국적법〉은 인종차별적

★ 1940년대 이후 미국에서 태어난 사람은 미국 시민이라는 원칙이 소수 인종에게도 적용되면서, 1943년 〈중국인 배척법〉 폐지 법안이 의회를 통과해 중국계가 시민권을 신청할 수 있게 되었다. 가장 먼저 미국에 이주해 가장 많은 억압과 차별을 당한 중국계가 아시아 인종 가운데 처음으로 시민권을 취득할 수 있게 된 것이다. 다른 국가 출신 아시아인은 1952년에야 시민권을 취득할 수 있었다.

인 국가별 이민 쿼터 조항을 폐지하고, 인종과 국가에 상관없이 모든 나라에 연 2만 명의 쿼터를 균등하게 배분했다. 이 법은 두 가지 원칙을 천명했는데, 첫째로 가족에 대한 이민 초청을 확대했고, 둘째로 기술직 및 전문 지식을 갖춘 사람들에게 문호를 활짝 개방했다. 미국은 1950~60년대 급속한 경제 발전을 이루는 과정에서 고숙련 전문 인력 부족이 심각해지고 있었다. 이런 국내 경제적 상황에 따라 고학력인 전문직 종사자의 미국 이민을 장려했다. 따라서 1965년 이후 이주한 아시아계 이민자 중에는 상대적으로 고학력·고숙련인 전문직 종사자가 많았다. 이들을 '중산층 이민'이라고 하는데, 저숙련 단순 노동 계층을 중심으로 한 초기 이민을 '노동 이민'이라고 불렀던 것과 대비된다. 1965년 〈이민 및 국적법〉 제정 이후 한국인을 포함한 아시아인의 이민이 급증했고, 멕시코인과 중남미계 이민도 빠르게 증가했다.

한국인들의 경우 제2차 세계대전과 한국전쟁을 거치면서 한반도에 주둔한 미군과 결혼하는 여성들이 있었는데, 이들이 배우자를 따라 미국으로 간 뒤 가족을 초청하기도 했다. 그 밖에 국제결혼 여성, 입양아, 유학생 등의 이주도 있었다. 게다가 미국의 대중문화가 한국에 들어오면서 미국을 동경하는 사회적 분위기가 조성되어 1960~70년대 신중산층을 중심으로 이민 열풍이 불기도 했다. 1965년 기존 이민법의 대폭 개정으로 한인 이민은 새로운 전환기를 맞이했는데, 유학생·간호사·의사 등의 신분으로 미국에 건너간 한인들이 영주권을 취득하고 한국에 있는 가족을 초청해 미국으로의 이민이 급증했다. 1985~87년 사이 연 3만 5000여 명의 한인들이 미국으로 이민을 떠나며 정점을 찍었는데, 한국은 멕시코, 필리핀에 이어 미국의 3대 이민국이었다(국가기록원 홈페이지 참고). 1965년 이후 한국인 이민자 집단은 그 전의 이민자들과 뚜렷이 구별되는데, 처음부터 정주를 목적으로 가족이 함께 이민을 갔으며, 한국에서 대학 교육을 받고 전문직·사무직에 종사한 신중간 계층이 다수였고, 고국에서의 실업·빈곤과 같은 배출 요인이 아니라 미국에서 기대되는 높은 삶의 질, 교육 기회 등 흡입 요인이 이민 동기가 되었다.★

　1965년 우호적인 이민법은 어떻게 제정될 수 있었을까? 우선 1965년은 미국 사회에서 민권운동이 한창이었으며, 전반적으로 진보가 힘을 얻던 시기였다. 앞서 1963년 존 F. 케네디 암살 사건은 민권법안, 투표권 개정뿐만 아니라 이민 개혁안 통과에도 전환점이 되었다. 생전에 이민자가 미국 사회에 동화되게 하는 것이 미국이 진보하는 길이라고 주장했던 케네디의 비극적인 죽음을 계기로 대중들 사이에서 법 개정에 긍정적인 여론이 형

★ 1988년 서울 올림픽 이후 한국의 국제적 위상이 높아지면서 미국 이민 열기가 식었고, 현재는 영주보다는 학업·사업·여행을 목적으로 떠났다가 현지에서 비자를 변경해 영주권·시민권을 취득하는 경우가 늘었다. 1971년 약 6만 3000명이던 한인은 꾸준히 증가했는데, 외교부 재외 동포 현황 자료에 따르면 2021년 현재 263만 3777명이 미국에 거주하고 있다.

성되었으며, 의회에서도 케네디의 동화주의 이민관에 우호적인 분위기가 확산되었다. 마거릿 샌즈 오카우스키Margaret Sands Orchowski는 "타이밍이 가장 중요하다"라며 케네디의 암살이 이민법 통과에 막대한 영향을 미쳤다고 지적했다(Orchowski 2015, 70; 임현식 2016에서 재인용). 이런 정치사회적 상황에서 1965년 〈이민 및 국적법〉이 탄생할 수 있었던 셈이다.★★

★★ 1965년 〈이민 및 국적법〉이 제정된 뒤 1980년대 초까지 미국의 이민 정책은 큰 변화 없이 유지되다가, 미등록 체류자가 급증하면서 1986년 〈이민 개혁 및 통제법〉Immigration Reform and Control Act of 1986이 제정되었다. 이 법은 1982년 이전에 미국에 입국한 대부분의 미등록 이민노동자들에게 합법적 거주자 신청 자격을 부여하는 것을 주요 내용으로 한다. 그 뒤로 포용적 성향의 이민 정책이 계속되다가 오바마 행정부가 미등록 체류자 증가 문제에 대처하기 위해 두 개의 행정명령, 즉 2012년 '미등록 체류 청년 추방 유예'Deferred Action for Childhood Arrivals, DACA와 2014년 '미등록 체류 부모 추방 유예'Deferred Action for Parents of Americans, DAPA를 발동함으로써 혼란이 커졌다. 오바마 행정부는 400만 명에 이르는 미등록 체류자들에게 합법적인 지위를 부여하고자 했으나, 공화당의 거센 반대에 부딪혔고, 이민 개혁 행정명령에 대한 소송에서 2016년 연방 대법원이 최종 기각 판결을 내림으로써 이민 개혁 시도는 실패했다(김태근 2017). 뒤이은 트럼프 행정부는 강력한 이민 규제 정책을 실시해, 멕시코와의 국경에 장벽을 건설하고 난민 및 무슬림 국가로부터의 이민자 수용을 중지하는 반이민 행정명령 등에 서명했다. 미국의 문턱을 높이려 했던 트럼프와는 달리, 2021년 출범한 바이든 행정부는 이민 절차를 쉽고 신속하게 바꿔 합법적 이민을 확대하는 쪽으로 제도 개편을 추진하고 있다.

새로운 이민법의 제정은 미국 내 아시아인의 사회경제적 지위에 긍정적인 영향을 미쳤다. 시민권 획득 자격을 얻은 아시아 이민자들은 교육·경제·과학 등의 분야에서 두각을 나타냈다. 또한 전문직에 종사하는 고학력 아시아인이 미국으로 대거 유입되면서 아시아인에 대한 주류 백인들의 인식도 달라졌다. 그러자 이전에는 상상할 수 없었던 특이한 프레임이 아시아인에게 씌워졌는데, 바로 '모범 소수민족'이라는 신화다. 아시아인을 모범적 소수자라고 칭송하는 신화는 소수 인종 간 갈등을 야기하고 이전과는 다른 차원의 반아시아인 차별이 증가하는 배경이 되었다.

5.
모범 소수민족 신화의 허상

'모범적인' 아시아인의 탄생

　미국의 아시아인은 19세기 중반 이후 매우 부정적인 이미지로 인종화★된 뒤 1960년대 이후 매우 긍정적인 이미지로 인종화되는 극단적인 경험을 했다. 앞 장에서 살폈듯이 19세기 중반 이후 미국으로 이주를 시작하자마자 아시아인에게는 더럽거나 불결하다는 이미지가 씌워졌다. 그 후 황화론을 통해 '위험한 황인종'이라는 프레임이 더해졌다. 더럽고 불결하고 미개하고 위험

★ "신체적 특징을 필요로 하지 않는 담론적·문화적 과정"(김지혜·김지림·김철효 외 2019, 6)으로, 소수민족 등 사회적 약자에게 병리학적인 특성이 내재하는 양 간주하는 것을 뜻한다. 인종 구분과 유사한 의미를 환기함으로써 인종화된 사람은 더럽거나 위험하거나 게으르다는 식으로 유형화된다.

하다는 것은 한 집단에 대한 지극히 부정적인 정형화라고 할 만하다. 그런데 1960년대에 들어서면서 아시아인에 대한 새로운 고정관념이 '모범 소수 인종론'이라는 이름으로 등장하는데, 이는 과거와는 전혀 다른 긍정성을 내포한다. 미국의 아시아인은 황화론과 모범 소수 인종론으로 표현되는, 다른 집단이 경험하지 못한 독특한 인종화 체험을 한 셈이다. 담론 내용은 다르지만, 본질적으로 황화론이든 모범 소수민족 신화든 백인 주류 계층이 소수집단인 아시아인을 길들이고 지배하려는 기제였다는 공통점이 있다.

   1960년대부터 미국의 주요 매체에서 아시아인 관련 특집 기사를 싣기 시작했다. 성실하고 근면하며, 수학과 과학 분야에서 뛰어난 아시아인을 칭찬하는 내용이었다. 예를 들어, 1966년 1월 9일자 『뉴욕 타임스』에 실린 기사 「성공 이야기, 일본계 미국인 스타일」은 일본계가 역사적으로 매우 열악한 환경에서도 근면, 인내, 가족 간 유대 등의 가치를 바탕으로 미국 사회에서 성공했다고 치켜세웠다(Petersen 1966b). 1966년 12월 26일자 『유에스 뉴스 앤드 월드 리포트』도 「미국 내 소수민족의 성공 스토리」라는 제목으로 중국계 관련 특집 기사를 실었는데, 중국계들의 근면성과 성실성을 칭찬하며, 이런 자질을 갖춘 아시아인은 모범 소수민족이라고 칭송하는 내용이었다(Petersen 1966a, 73). 1971년 시사 주간지 『뉴스위크』*Newsweek*는 아시아계가 백인을 앞지르고 있다고 보도했고, CBS의 탐사 보도 프로그램 〈식스티

미니츠〉Sixty Minutes나 시사 잡지 『뉴 리퍼블릭』*New Republic* 등의 매체도 아시아계 미국인을 모범 소수민족으로 칭했다. 미국 주요 매체들의 이런 보도는 아시아계 이민자의 모범적 소수자 이미지를 확산시키는 데 일조했다.★

왜 이런 변화가 일어났을까? 1950~60년대 이전에 미국 내 아시아인은 불결하고 미개하고 야만적이며 믿지 못할 이등 시민이자, 백인의 일자리를 뺏는 사악하고 열등한 존재로 인식되었다. 그런데 1950년대 미국이 경제 호황을 경험하고 냉전 체제에서 소련과 우주 경쟁을 벌이며 상황이 달라졌다(장태한 2004). 미국과 소련이 우주 개발을 놓고 벌인 경쟁은 관련 분야인 화학·생물·공학 등 과학 분야에서 아시아인에게 취업 기회를 제공했다. 그리고 아시아계가 과학 분야에서 우수함을 보이자 '아시아인 = 모범 소수민족'이라는 프레임이 형성되기 시작했다. 또한 1970년대 들어서는 학자들을 중심으로 아시아인의 연 수입이 오히려 백인보다 높다는 연구 결과들이 나왔고, 아시아인의 높은 교육열이 조명되는 등 아시아인의 우수성을 과학적으로 증명하는 논문들이 연달아 발표되었다(장태한 2004). 인종주의가 과학자들의 연구와 주장에 힘입어 강화된 것처럼 말이다.

★ 1987년 『타임』*Time*은 표제 기사인 「아시아계 미국인 영재들」Those Asian-American Whiz Kids에서 아시아계 청소년의 뛰어난 학업 성과를 자세히 다뤘다.

아시아인의 모범 소수민족 이미지는 미국뿐만 아니라 유럽에서도 자리 잡고 있으며, 이제 서구 사회에서 아시아인은 '명예 백인'이라고 불리기도 한다. 모범 소수민족이라는 이 특수한 신화에는 아시아인을 바라보는 서구 사회의 여러 시선들이 녹아 있는데, 대표적으로 '타이거 맘'으로 상징되는 엄격한 양육 방식, 강한 교육열, 근면 성실함, 수학과 과학 분야에서의 우수함, 경제적 성공, 높은 학력 수준, 준법정신, 직업윤리, 권위에 대한 존중, 정치적 온건함 등이 포함된다.

아시아인이 반대하는 모범 소수민족 신화

언뜻 기존의 더럽고 미개한 이미지에서 벗어나 진정한 미국 시민으로 인정받아 기뻐할 법도 한 아시아인은 정작 반대의 목소리가 높다.

아시아인들이 집회를 할 때 "당신의 모범 소수민족이기를 거부함"Not your model minority이라는 문구가 적힌 피켓을 드는 경우가 종종 있다. 왜 아시아인은 칭찬에 반발하는가? 모범 소수민족 신화에 따른 폐해가 심각하기 때문이다. 무엇보다 그 신화가 처음 등장한 시점에 주목할 필요가 있다. 모범 소수민족 신화는 1960년대 민권운동이 한창일 때 등장했다. 당시 흑인들은 민권운동의 중요한 주체 중 하나로서 불평등의 역사를 청산하기 위해 처절하게 민권운동에 참여했다. 이런 때 아시아계를 모범 소수민족으로 내세운 것은 다른 소수 인종은 비모범 소수민족이라는 메시지와 다름없었다. 1966년 사회학자 윌리엄 피터슨William Petersen이 일본 출신 아시아인의 사회경제적 성공을 논의하면서 모범 소수민족이라는 용어를 만들었는데, 그는 일본계가 수용소에 갇혔음에도 전쟁에서 뛰어난 공을 세웠고, 거의 아무 도움도 없이 자신들의 노력으로 미국 사회에서 성공적인 시민이 되었다고 치켜세웠다. 피터슨은 아시아계와 대비해 '문제적 소수민족'problematic minorities이라는 용어를 만들었는데, 이런 사고 틀에서 아시아계가 모범 소수민족이면, 흑인은 문제적 소수민족 또는 비모범적 소수민족이라는 대립 구조가 만들어졌다.

모범 소수민족론은 주류 백인 사회가 다음과 같은 두 차원의 메시지를 전달하는 유용한 기제로 활용되었다. 첫째, 미국은 여전히 이민자들의 꿈을 실현시켜 주고 누구에게나 성공의 기회를 제공하는 '자유의 나라'이다. 이로써 미국이 억압·착취·불평등이 지속되는 인종차별적인 국가라는 흑인들의 주장은 설득력을 잃게 된다. 둘째, 아시아인은 정부의 도움 없이 스스로 노력해 성공을 일구었는데, 흑인은 늘 정부에 요구만 하고 게으르다는 것이다. 즉, 흑인은 아시아인만큼 노력하지 않아 가난하다는 주장이 성립한다. 1965년 〈이민 및 국적법〉 제정으로 미국 내 고학력·전문직 아시아계 이민자가 대거 유입되고 있다는 사실은 무시된 채, 성공한 아시아인이 아메리칸드림의 상징으로 왜곡되었다.

모범 소수민족 신화는 흑인 노예제, 인종 분리, 제도적 불평등과 같은, 수백 년간 쌓인 폐해를 개선하라고 요구하던 흑인들의 목소리에 대항하는 논리로 개발되었다는 의구심이 제기되기 시작했다. 민권운동으로 집약되어 폭발적으로 표출된 흑인들의 목소리를 깎아내리기 위해 다른 소수 인종, 즉 아시아인을 끌어들였다는 것이다.

이런 의구심이 타당하다면 모범 소수민족 신화는 소기의 목적을 달성한 듯하다. 지난 50여 년간 모범 소수민족 신화는 미국 내 소수 인종 집단 간 경쟁과 분열을 조장함으로써, 소수 인종 집단이 협력하지 못하게 가로막았기 때문이다. 이른바 분리 정복 전략으로, 백인 자본가 집단이 인종을 초월한 노동계급의 연대를 막는 데 사용했던 전략이 모범 소수민족 담론에도 똑같이 사용되었다. 그 결과 모범적인 소수집단 대 문제가 있는 소수집단이라는 암묵적 대립 구도가 조장되었고, 이는 백인 중심 사회에 대한 투쟁을 아시아계와 그 밖의 유색인종 간 경쟁으로 치환했다. 또한 백인들은 흑인을 포함한 다른 소수 인종 집단이 겪는 구조적 불평등을 묵과하고, 그 책임을 회피할 수 있었다. 그 결과 아시아계와 다른 유색인, 특히 흑인은 서로 반감을 품었고, 정치적 대표성 제고나 노동조건 개선, 대중문화 창조 등 함께 공유할 연대의 경험을 누리지 못했다. 다른 소수 인종 집단과 아시아계를 비교하는 구도가 만들어진 탓에 소수 인종 집단 간에는 연대가 아닌 경쟁이 조장되었고, 그 결과 아시아인은 흑인과 중남미계로부터 질시와 반감을 샀다. '모범'이라는 빈껍데기 수사로 말미암아 원하지 않고 의도하지 않았던, 다른 소수 인종과의 비교 대상이 된 것이다.

1990년대 들어 한인과 흑인의 갈등이 폭력적인 양상으로 불거진 몇 가지 사례가 있다. 1990년 1월 뉴욕 브루클린에 있는 한국계 소유 청과물 가게인 '패밀리 레드 애플'에서 사건이 발생했다. 아이티계 흑인 여성이 바나나를 사면서 치러야 할 3달러에서 1달러가 부족하다며 그냥 달라고 했고, 가게 주인인 한인이 돌아가라고 하자 실랑이가 있었다. 흑인들은 가게 종업원들이 흑인 여성을 구타했다고 주장했고, 이로 인해 흑인들의 불매운동과 항의 시위가 촉발되었다. 불매운동은 소니 카슨Sony Carson이 이끄는 '12월 12일 운동'the December 12th Movement이라는 흑인 민족주의 단체가 주도했는데, 손님과 상인이 개인적으로 품던 부정적인 감정을 한·흑 갈등이라는 정치적 문제로 확대하며 인종 갈등 차원으로 키웠다(윤인진 2013, 125, 126). '12월 12일 운동'과 유사한 단체로 로스앤젤레스에서 대니 베이크웰Danny Bakewel이 이끄는 '형제애 성전'Brotherhood Crusade이 있는데 이 단체도 한인 업소를 상대로 불매운동을 전개한 바 있다.

가장 널리 알려진 한·흑 갈등 사건은 1992년 로스앤젤레스 흑인 폭동이다. 4월 29일부터 5월 4일까지 지속된 폭동 기간에 52명이 사망하고 2238명이 부상당했으며 한인 타운의 많은 상점들이 막대한 재산 피해를 입었다. 4월 29일에 발생해 '4·29

폭동'으로도 불리는 이 소요 사태는 직접적으로는 백인 경찰관들이 흑인 남성 로드니 킹Rodney King을 집단으로 구타하고도 무죄판결을 받았기 때문이었다.

그러나 이에 앞서 흑인들의 소요를 촉발한 사건이 있었는데 바로 1년 전인 1991년 3월 16일 발생한 두순자 사건이었다. 사건의 전말은 이렇다. 한인 이민자인 두순자는 갖은 고생 끝에 로스앤젤레스 흑인 빈민 지역에 자신의 상점을 갖게 되었는데, 가게를 운영하면서 30여 차례가 넘는 강도를 당하고 지역 갱단에게 협박을 받은 적도 있어 흑인에 대한 불신이 컸다고 한다. 가게를 보고 있던 두순자는 흑인 소녀 라타샤 할린스Latasha Harlins가 오렌지주스 한 병을 책가방에 넣는 것을 본 뒤 소녀의 가방을 움켜쥐며 저지했다. 그러자 소녀는 아시아인을 경멸하는 욕을 하며 주먹으로 두순자의 얼굴을 가격했고, 두순자는 카운터 뒤에 숨겨 둔 권총을 집어 들어 소녀를 향해 발포해 사망하게 했다. 판사는 두순자가 재범 가능성이 적다는 이유로 사회봉사 400시간 명령과 함께 집행유예 판결을 내렸다. 이 판결은 흑인들의 큰 반발을 불러일으켰고, 1년 뒤인 로스앤젤레스 폭동 과정에서 흑인들이 한인들에게 폭력을 휘두르는 요인 중 하나로 작용했다. 당시 경찰은 한인 타운 근처 백인 주거지역을 바리케이드로 막아 폭도들이 한인 타운으로 향하도록 유도했다는 의심을 받았으며, 소요가 발생하자 미국 언론은 흑인 소녀가 총을 맞는 장면을 반복해 보여 줌으로써 로드니 킹 사건에 따른 흑인들의 분노를 한인들에게 돌리려 했다. 당시 공화당 부시 정부를 비롯한 백인 주류 사회는 두순자 사건을 이용해 흑인 대 한인의 갈등으로 문제를 왜곡해, 분노의 불길이 백인 쪽으로 번지지 않고 소수 인종들 사이에서 타오르게 한 것이다. 또한 '한·흑 갈등'이라는 용어가 주류 매체에서 반복적으로 사용됨으로써 본질적으로 백인 중심의 경찰 및 사법제도에 대한 흑인들의 분노 표출을 흑인 대 한인의 갈등으로 치환하려 했다는 비판도 받는다. 로스앤젤레스 흑인 폭동은 아무리 모범적인 소수집단으로 칭송받아도 결정적인 순간에는 외면당할 수 있고, 모범 소수민족의 지위가 오히려 다른 소수집단과 갈등을 불러일으키기 쉬움을 여실히 증명한다. 백인, 지배 계층, 부자, 자본가 등 가난하고 열악한 조건에 처한 흑인의 삶에 직접적 책임이 있는 집단에 대한 흑인들의 분노가 대리인 격인 아시아인에게 표출된 것이 로스앤젤레스 흑인 폭동의 요체다. 당시 흑인들의 분노는 정치적으로 해결되지 못했고 여전히 계속되고 있기에 로스앤젤레스 흑인 폭동과 유사한 사건은 언제든 재발할 수 있다.

최근에 발생한 아시아인과 흑인의 갈등 사례로 2016년 피터 량Peter Liang 사건이 있다. 피터 량은 화교 출신의 신참 뉴욕 경찰관인데, 실수로 흑인 남성 아카이 걸리Akai Gurley에게 총격을 가해 사망에 이르게 했다. 당시 피터 량은 동료 경관과 함께 뉴욕시 브루클린 동부 구역을 순찰하고 있었는데, 량이 권총을 총집에서 꺼내 든 상태로 한 아파트 건물의 문을 열었다. 계단 통로가 나왔고 량의 권총에서 발사된 총알은 벽을 맞고 튀어 마침 계단을 내려오던 걸리를 향했다. 량과 동료는 걸리에게 응급 의료 조치를 하는 대신, 누가 사고 사실을 상관에게 보고할지를 두고 언쟁을 벌였다. 피터 량은 과실치사 혐의로 유죄 평결을 받았는데, 이를 두고 중국계 미국인들이 대규모 항의 집회를 열었다. 그해 다른 지역에서 경찰이 비무장 흑인을 사살한 사건이 불기소 처분을 받아 흑인들이 시위를 벌이는 등 인종 갈등이 심각해진 상황에서 이런 평결이 나왔기 때문이다. 중국계 등은 경찰 당국이 피부색, 즉 인종을 보고 기소했고 백인 경찰 대신 아시아인 경관이 단죄를 받고 있으며 피터 량은 인종 갈등의 희생양이라며 반발했다. 이 사건은 아시아인 차별이라는 여론이 형성되며 전국적인 이슈가 되었다. 피터 량은 배심원 평결에서 유죄가 선고됐으나, 뉴욕주 최초의 한인 판사인 전경배 판사는 피터 량에게 적용된 과실치사 혐의를 부주의에 의한 살인으로 조정하고 보호관찰 5년과 사회봉사 800시간 명령을 내렸다. 이 판결에 흑인들의 반발이 잇따랐다.

2020년 5월에는 조지 플로이드 사건을 둘러싸고 아시아인 대 흑인 간 갈등이 불거졌다. 몽족★ 출신 아시아계 경찰 토우 타오Tou Thao는 비무장 흑인 남성 조지 플로이드를 백인 경찰 데릭

★ 중국 먀오족에서 갈라져 나온 소수민족으로 중국 남단과 인도차이나반도 등에 거주한다.

쇼빈이 약 9분간 무릎으로 짓눌러 숨지게 한 사건 현장에 같이 있던 경찰관 중 한 명이다. 그는 잔혹 행위가 일어나는 동안 백인 경관을 저지하지 않았고, 지켜보던 시민들을 해산하는 행동을 해 반흑 행위를 공모한 아시아계의 상징으로 떠올랐다.

이처럼 모범 소수민족 신화는 아시아계와 여타 소수 인종 집단, 특히 흑인을 분리하고 갈등을 조장하는 폐해가 있다. 여기서 흑인들에 대해 좀 더 이야기해 보자. 어쩌면 이 책을 읽으며 왜 흑인들이 "흑인의 목숨도 소중하다"Black lives matter라고 외치면서 아시아인을 혐오하고 차별하는 이율배반적 태도를 보이는지 의아할지도 모른다. 물론 모범 소수민족 신화도 한 이유겠지만, 더 근본적으로 흑인과 아시아계는 소수 인종으로서 공통점 못지않게 차이점도 많다.

첫째, 흑인은 남북전쟁이 끝난 이후에 미국 시민으로 받아들여졌다. 1865년에서 1870년 사이 수정 헌법 13, 14, 15조는 각각 노예제 철폐와 시민권 인정, 투표권 부여를 규정했다.★ 또한

★ 물론 흑인이 백인과 동등한 권리를 누리지는 않았고, 현실에서 흑인 차별은 계속되었다. 흑인들은 일정한 재산을 소유하거나 문자 해독 능력을 갖춰야만 투표권 자격을 부여하는 시스템 탓에 사실상 투표권을 행사할 수 없었다. 또한 1896년 미국 대법원은 '분리하되 평등하게'separate but equal라는 이상한 원칙 아래 인종 분리를 합헌으로 판결했고, 짐 크로Jim Crow법 아래 남부 흑인은 모든 영역에서 차별 대우를 받았다. 1954년 브라운 대 교육위원회Brown v. Board of Education 사건에서 인종 분리는 그 자체로 불평등하다고

1870년에 개정된 〈귀화법〉Naturalization Act of 1870에서는 미국 귀화 신청 자격에 백인과 더불어 아프리카에서 태어난 자 또는 아프리카인의 후예가 포함되었다. 반면 아시아인에게는 20세기 초에도 여전히 미국 시민이 될 자격이 주어지지 않았고, 1952년 〈맥커런-월터법〉을 통해서야 비로소 미국 시민이 될 자격이 인정되었다. 1850년경 중국인 이민이 처음 시작된 지 100여 년 만에 모든 아시아인이 미국 시민이 될 자격을 부여받은 것이다. 흑인보다 한 세기쯤 늦게 아시아인은 미국 시민이 될 수 있었다. 따라서 흑인은 아시아인보다는 미국 사회의 터줏대감인 셈이었고 스스로도 그렇게 인식하고 있다. 그럼에도 아시아인과 같은 이민자들에게 사회경제적으로 계속 밀려나는 현실에 흑인들이 느끼는 좌절감, 박탈감, 분노는 크다. 그들은 정부가 시민권자인 자신들보다 이민자를 우선해 대우한다고 생각하며, 특히 모범 소수민족으로 칭찬받는 아시아인에게 자신들이 받아야 마땅할 많은 혜택이 돌아간다고 생각한다. 백인과 함께 미국을 만들어 온 흑인은 여전히 이를 인정받지 못하는 반면, 아시아계는 단기간에 미국의 상층계급에 편입되었다고 여기는 것이다. 이른바

판결함으로써 흑인 인권 상황이 변화될 전기가 마련되었고, 이후 민권운동을 통해 1964년 〈민권법〉The Civil Rights Act of 1964 제정으로 이어졌다. 이에 따라 공공시설에서 흑백 분리가 금지되고, 학교에서 흑인 학생과 백인 학생의 통합이 이루어졌으며, 1965년에는 흑인들에게 투표권이 인정되었다.

'굴러들어 온 돌이 박힌 돌을 빼낸다'는 인식이 흑인들에게 존재한다.

둘째, 흑인과 아시아인이 미국 사회를 바라보는 시각에는 근본적인 차이가 있다(세계한민족문화대전 홈페이지에서 '재미 한인 사회의 인권' 참고). 흑인에게 미국은 인종차별적 국가이다. 흑인은 역사상 가장 비인간적인 제도인 노예제도를 통한 수탈과 착취, 심지어 노예제도가 폐지된 뒤에도 계속된 인종차별적 제도를 온몸으로 겪으며 살아왔다. 그들에게 미국은 모국인 동시에 인종주의적이며 차별적인 국가다. 따라서 흑인은 미국을 기회의 나라로 생각하지 않는다. 반면 아시아인에게 미국은 선진 민주주의 국가이며, 아메리칸드림을 실현할 기회의 나라다. 미국을 기회의 땅으로 보는 한인들은 흑인들을 불성실하고 게으르다고 생각하는 경향이 있다.

셋째, 흑인 지역에서 상권 장악을 둘러싼 인식 차이가 있다. 흑인은 아시아인, 특히 한인 이민자들이 자기 지역의 상권을 장악하는 것을 흑인에 대한 또 다른 착취라고 여긴다(세계한민족문화대전 홈페이지에서 '재미 한인 사회의 인권' 참고). 흑인에게 아시아인은 흑인 지역의 상권을 빼앗아 흑인 경제의 황폐화를 초래한 외부인이자, 영어도 제대로 못하는 외국인으로 흑인 커뮤니티에 경제적으로 기여하지 않으며 이득만 취하는 부재 소유자ab-sentee owners로 여겨진다(윤인진 2013). 한인 가게들은 경제적 이득만 취할 뿐, 흑인 직원을 고용하지도 않고 지역사회에 참여하거나 기여하지 않는다는 것이다. 또한 흑인은 미국 정부로부터 차별을 당하는 자신들과 달리, 한인 상인들이 정부와 은행의 특혜를 받는다고 믿는다. 반면 한인 자영업자들은 도시 내 흑인 밀집 거주 지역의 임대료가 상대적으로 낮아 좀 더 이익이 나기에 장사하기 좋은 곳으로 여긴다. 자영업을 시작하는 한인들은 자본금이 적고 특별한 사업 기술도 없어서 종종 저소득 소수민족 지역에서 장사를 시작하곤 했는데, 이런 지역은 임대료가 싸고 사업 경쟁 상대가 적으며, 주로 소수민족 고객을 상대하므로 높은 영어 구사력이나 사업 수완이 필요하지 않다(윤인진 2013, 123). 백인 소유의 큰 자본이 관심을 갖지 않는 주변적인 시장을 한인 자영업자들이 차지하는 셈이어서, 한인들에게는 흑인 커뮤니티에 기여하거나 흑인과 연대를 한다는 것은 달리 고려할 만한 요소가 아니었다. 2021년 3월 미국 텍사스주 휴스턴에서 흑인이 한인 상점 주인을 폭행한 사건이 발생했는데, 흑인 여성은 "아시아계 사람들은 흑인 물품을 팔면 안 된다", "아시아계 사람들은 흑인 시장에 있어서는 안 된다"는 인종차별적 발언을 하며 한인 가게 주인을 폭행했다고 알려졌다. 이 흑인 여성의 발언이야말로 흑인 지역에서 자영업을 하는 부재 소유자인 한인에 대한 흑인의 분노와 좌절감을 보여 준다.

또한 흑인 손님과 한인 상점 주인은 문화적 차이 탓에 오해가 발생하기 쉽다(장태한 2004, 144, 145). 눈을 잘 맞추지 않는 아시아인의 문화가 낯선 흑인들은 뭔가 숨기거나 적대감을 품고 있다고 오해한다. 한국인 상점 주인들은 거스름돈을 바닥에 놓고 손님이 알아서 가져가게 하는 반면, 미국에서는 잔돈을 직접 세어 가면서 손바닥에 놓아 주는 풍습 차이도 있다. 이런 차이는 한인이 흑인의 손을 더럽게 여겨 만지지 않으려 한다는 오해를 불러일으키곤 한다. 흑인들의 관점에서 한인들은 이전에 흑인 지역에서 사업의 기회를 빼앗아 간 이탈리아계나 유대계 상인과 똑같이 착취 집단일 뿐이다(윤인진 2013, 123, 124). 미국의 흑인 지도자 부커 T. 워싱턴Booker T. Washington은 유럽 출신 이민자가 유입되어 흑인과 경쟁하게 될 것을 우려했다(고셋 2010, 429). 그는 1900년에 백인은 남부의 경제적 번영을 위해 미국과 언어와 관습이 다른 외국인에게 기댈 것이 아니라, 수백 년 동안 지역 경제를 위해 땀 흘린 흑인에게 의지해야 한다고 선언했다. 이탈리아계나 유대계가 흑인을 대체해 흑인에게 돌아갈 경제적 이득을 착취할까 걱정했는데, 이제는 아시아인이 경쟁과 우려의 대상이 된 것이다. 흑인이 주도한 민권운동이 인종차별적인 이민법을 폐지했고 결과적으로 아시아인이 미국으로 대거 이주할 수 있었다는 점은 어떤 면에서는 아이러니하다. 만약 미국 경제가 장기 불황의 늪에서 벗어나지 못하고 양극화가 심화되어 저소득층의 사회 안전망이 붕괴되는 상황이 계속된다면 미국 사회의 최하위 계층을 구성하고 있는 흑인의 절망감은 더욱 커질 것이다. 그들은 분노를 표출할 돌파구를 찾을 것이고, 어쩌면 '4·29 폭동'과 같은 일이 다시 발생할지도 모른다.

넷째, 흑인과 아시아인을 바라보는 미국 사회의 인식에도 차이가 있다. 미국에서 흑인은 소수 인종 집단으로, 아시아인은 '중간' 소수 인종으로 인식된다. 아시아인은 백인과 흑인의 중간 어디쯤에 위치한다. 모범 소수민족 신화 때문에 다른 인종에 비해 아시아인에 대한 차별은 존재하지 않는다는 믿음이 공고하다. 아시아계 미국인은 미국 사회에 잘 동화되고 전문직 진출도 다른 소수 인종보다 많다고 알려져 있으며, 차이나타운이나 코리아타운 등의 아시아인 상권은 다른 소수 인종의 상권보다 더 발달해 있다. 아시아인은 '순종적인 아시아인', '수학·과학에 뛰어난 아시아인', '운동은 못하고 얌전하지만 공부를 잘하는 우등생 아시아인'이라는 이미지가 있다. 반면 흑인은 '범죄자 흑인', '게으른 흑인', '난잡한 흑인'이라는 이미지가 있다. 미국 사회에서 흑인은 아무리 고학력에 직업이 좋아도 단순한 교통법규를 위반한 것만으로도 길거리에서 경찰의 총격에 숨질 수 있다.

다섯째, 흑인은 국제 관계에 영향을 덜 받는 반면, 아시아인은 출신 국가의 국제 관계에 영향을 받는다는 점에서 차이가 있다. 코로나19가 발생하자 중국인, 더 나아가 아시아인에 대한 혐오 현상이 나타나는 현상도 이를 보여 준다. 또한 흑인은 미국 전체 인구의 13.4%를 차지하고, 동일 언어와 단일 정체성을 지닌 반면, 아시아인은 미국 인구의 5.9%를 차지하고, 출신 국가별로 언어가 다르며, 민속 산 문화와 정체성도 다르다.

마지막으로 흑인은 미우나 고우나 내국인으로 인식되는 반면, 아시아인은 백인과 흑인의 중간에 놓인 위치에 있으며 본질적으로는 백인 주류에 동화될 수 없는 외국인으로 인식된다. 그래서 아시아인은 서구 사회에서 영원한 외국인이자 '종신 이방인'perpetual foreigner이다.★

캘리포니아 대학교의 클레어 진 킴Claire Jean Kim 교수가 제시한 인종 삼각법 이론racial triangulation framework에 따르면 우월과 열등, 미국인과 외국인이라는 두 가지 인종화 척도가 서로 복잡하게 얽혀 있고, 이 척도에서 미국 내 아시아인은 백인과 흑인 사이에서 독특한 위치를 차지한다(Kim 1999, 105~138). 따라서 흑백 이분법 너머를 살펴야 인종 정치를 잘 이해할 수 있는데, 인종적 우열을 논할 때 아시아인은 흑인 위에 위치하나 백인보다는 낮은 자리에 배치된다. 반면 미국인 여부, 즉 내부자와 국외자를 가를 때는 인종 집단 배열이 바뀐다. 백인이나 흑인은 어찌 됐든 모두 미국인 내부인으로 간주되지만, 아시아인은 이민의 역사가 오래되었음에도 늘 손님이나 외국인으로 여겨진

★ 미국 내 소수 인종은 백인 주류 사회에 편입하기 위해, 특히 아시아계는 종신 이방인이라는 이미지를 극복하기 위해 스스로 정체성을 왜곡한다고 한다. 예를 들어, 한 인터뷰에서 미국에서 태어나 자란 방글라데시계 남학생은 다문화적으로 보이고 싶지 않아, 구직 이력서의 취미 항목에 하이킹이나 스노보드처럼 미국에서 보편적으로 즐기는 활동을 일부러 적는다고 말했다. 덜 이방인처럼, 더 미국인처럼 보이기 위해서다(에버하트 2021, 312~318).

다.★★ 아시아인은 미국에서 태어나고 자라, 미국적 가치를 수호하고 영어를 원어민처럼 해도 영원한 이방인으로 취급된다. 아시아계가 자주 듣는 한편 듣기 싫어하는 다음 세 가지 표현에는 '영원한 이방인'으로서 아시아인의 위치가 드러난다.

"영어를 참 잘하시네요!"

"그러니까 '진짜로' 어느 나라에서 오셨어요?"

"고국에는 마지막으로 언제 갔다 왔나요?"

이처럼 흑인과 아시아인은 여러 면에서 차이가 있는데, 이런 차이를 낳고 확산시킨 데 모범 소수민족 신화가 끼친 영향이 크다. '대나무 천장'bamboo ceiling이라는 용어가 있다. '유리 천장' glass ceiling이 주로 여성의 고위직 진출을 막는 사회 내, 조직 내의 보이지 않는 장벽을 의미한다면, 대나무 천장은 아시아인의 고위직 진출을 막는 견고한 사회적 장벽을 의미한다. 실제로 미국 사회에서 아시아계가 특정 분야의 최고 위치까지 올라가는 사례는 거의 찾을 수 없다. 아시아계는 미국 정부의 전체 선출직

★★ 지금까지 살폈듯이 흑인이 내부인으로 간주된다고 해서 백인과 평등하게 여겨진다는 뜻은 아니다. 흑인은 명목상 미국 사회의 내부인으로 소속되나 사회구조적으로 배제되기에 '외부인 같은 내부인'인 셈이다.

가운데 불과 0.9%를 차지하며, 2021년 현재 상원에 두 명,[*] 하원에 15명의 의원이 있다. 아시아계의 정치적 대표성을 인구 비중에 비례해 계산하면 −85%(중남미계 −82%, 아메리카 원주민 −73%, 흑인 −43%)로 모든 소수 인종 집단 가운데 아시아계의 대표성이 가장 낮다(Reflective Democracy Campaign 2021/05). 참고로 백인은 +46%로 인구에 비해 과다 대표되고 있다. 또한 미국 대통령으로 아시아계가 선출된 적은 없으며, 아시아계 주지사도 극소수다. 경제 분야도 상황은 마찬가지다. 2020년 『포춘』 500대 기업 및 미국의 신용 평가 회사인 스탠더드앤드푸어스S&P 500대 기업에 선정된 회사들을 조사한 결과 아시아계 최고 경영자CEO는 겨우 38명이었고, 이는 전체 682명 중 5.6%에 불과했다(*Insider* 2021/05/26).

아시아계는 '온순하다'는 이미지 탓에, 리더가 될 만큼 강하지 않다는 평가를 받는다(올루오 2019, 255). 또한 과학 및 정보기술 IT 분야에서만 뛰어나다는 통념이 더해져, 아시아인은 조직 내에서 리더십을 발휘하는 자리에 잘 발탁되지 않는다. 모범 소수민족이라고 부르지만 소수민족 중에서 모범일 뿐 주류가 되지는 못하는 것이 모범 소수민족 신화의 민낯이다. 온순하게 미국 사회에 잘 융화되고 근면 성실하게 일하면 인정받을 수 있지만,

---

[*] 하와이주의 일본계 의원인 메이지 히로노Mazie Hirono와 일리노이주의 타이계 의원 태미 더크워스Tammy Duckworth이다.

결코 백인 주류와 같아지지는 않는다.

백인 주류 사회에 진출하지 못한 아시아계의 한계를 보여 주는 용어로 '중간 소수민족'이 있다. 말 그대로 백인과 기타 소수 인종 집단의 중간에 위치한 집단이라는 뜻으로, 기타 소수 인종보다는 위에 있지만 백인을 앞지르는 것은 용납되지 않고, 오롯이 중간 지대에 머물러야 한다는 의미다. 중간 소수민족으로 간주되는 집단은 지배 계층과 피지배 계층 사이에서 완충 역할을 하며, 부르주아에 속하지도 않지만 그렇다고 완전한 프롤레타리아도 아닌 프티부르주아 집단이라는 특징을 갖는다(Bonacich 1973, 583~594; 장태한 2004에서 재인용). 미국의 인종 갈등은 주로 흑인 대 백인이라는 이분법적 구도에서 논의된다. 미국의 복잡하고 갈등적인 인종 정치의 한가운데에 애매하게 위치한 아시아인은 백인과 흑인 모두에게 차별의 시선을 받는다. 백인은 '아시아인은 사회경제적으로 성공했으니 소수민족으로서 혜택을 받아서는 안 된다'고 생각하는 반면, 흑인은 '미국 정부가 흑인은 배제하고 아시아인에게만 특혜를 베풀고 있다'고 믿는다.

사회학자 에두아르도 보닐라-실바Eduardo Bonilla-Silva는 20세기 후반 미국의 인종 관계는 기존 흑백 중심의 이분법적 구도로 정확하게 설명할 수 없다고 보았다. 보닐라-실바는 같은 인종 내에서도 민족이나 계층에 따라 다른 인종적 정체성을 갖는다고 주장했다. 그는 백인, 명예 백인, 집단적 흑인collective black이라는 새로운 인종 구분법을 제안했다. 그의 주장에 따르면, 아시아계 미국인 중에서도 사회경제적 계층이라는 측면에서 좀 더 상층에 있는 일본계·한국계·중국계 등 동아시아계 미국인은 나머지 아시아계와 같은 부류로 보면 안 된다. 경제적으로 상층인 아시아계는 명예 백인, (베트남계·몽족계·라오스계와 같은) 경제적으로 계층이 낮은 아시아계는 집단적 흑인에 속한다고 보는 것이 더 타당하다. 사회경제적 계층이 높은 아시아계 미국인은 근면과 가족 중시, 인내 등 백인 중산층의 가치를 잘 체화해 미국 사회에 동화되었으며, 따라서 피부색은 다르더라도 사회문화적 측면에서 백인에 가깝다는 주장이다. 일부 아시아계를 명예 백인으로 간주하는 것은 20세기 전반 유럽계 미국인에게 한정했던 백인성의 확장이 비백인 집단으로 이어지는 모습을 보여 준다.

그러나 보닐라-실바도 지적하듯이, 새로운 구분법은 백인과 동등한 위치에 있거나 백인을 넘어설 수 없는 아시아계의 중간자적 위치를 재확인하는 한계가 있다. 즉, 결과적으로 기존의 백인 우월주의 구조를 공고히 할 뿐이다. 이런 점에서 그의 새로운 인종 구분법은 모범 소수민족 담론을 달리 표현한 아류일지도 모른다.

모범 소수민족 신화의 폐해는 더 있다. 이 신화는 아시아계에게 매우 적극적인 형태의 인종차별 기제로 작동한다. 앞에서도 잠깐 언급했지만, 아시아계를 칭찬하는 듯한 이 긍정적인 고정관념은 대체로 부정적인 정형화를 포함한다는 점에서 비전형적이다. 그래서 아시아계를 향한 미국 사회의 인종차별과 불평등을, 마치 존재하지 않는 것처럼 가려지게 한다. 올루오가 모범 소수민족 신화를 "아시아계 미국인을 향한 미국 사회의 인종차별을 덮는 예쁜 담요"라고 표현했는데(올루오 2019, 248) 딱 맞는 표현이다.

미국 사회에 아시아계에 대한 차별이 없다고 주장하는 사람들이 있는데, 그렇게 믿게 된 데에는 모범 소수민족 신화가 미친 영향이 크다. 넓은 의미의 인종차별 담론에서 아시아계는 쉽게 배제되며 보이지 않는 차별에 직면한다. 모범 소수민족 신화는 앞 장에서 서술했듯이 아시아인에 대한 170여 년 차별의 역사가, 미국사의 한 부분임을 부정할 수 없음에도, 이 사실을 가리는 데 일조했다. '신화'라는 용어 자체가 위로 계층 이동을 하는 데 성공한 개인 및 집단에 붙는다는 점에서 아시아계는 계층 이동에 성공해 인종차별을 경험하지 않는다는 논리적 오류를 야기한다. 아시아계가 차별과 억압의 대상이 아니라면 서구 사회에서 때때로 거칠게 드러나는 아시아인 혐오 현상을 어떻게 설명할 수 있을까? 요컨대, 모범 소수민족 신화는 이제 서구 사회에서 아시아인에 대한 차별은 없다고 암묵적으로 강요하는 데 활용된 한편, 아시아인을 사회적으로 침묵하는 데 익숙하게 만들었다.

한 가지 짚고 넘어갈 것은, 과연 아시아인이 미국 사회에서 백인만큼 사회경제적으로 성공한 집단인지이다. 모범 소수민족 신화는 아시아인이 사회경제적으로 성공했다는 가정을 바탕으로 한다. 하지만 여러 통계 수치는 이 가정과 크게 다르다. 아시아인은 미국에서 경제적으로 가장 양극화된 집단이다. 2018년 퓨 리서치 센터 조사에 따르면 아시아계 미국인은 집단 내 소득 불평등 격차가 가장 컸다(Pew Research Center 2018/07/12). 1970년에서 2016년까지 아시아인의 경우 최상층과 최하층의 소득 격차가 거의 두 배로 증가해, 흑인을 제치고 미국에서 경제적 양극화가 가장 심한 집단이 되었다. 즉, 아시아계는 전반적으로 미국 내에서 소득수준이 높은 편이지만, '모든' 아시아인이 이를 누리고 있지는 않다. 지난 40여 년 동안, 소득이 가장 낮은 아시아인 집단은 다른 인종 집단 내 최하위 계층의 소득 증가분보다 훨씬 적게 번 것으로 나타났다. 아시아인 집단 내 소득 격차는 1970년에서 2016년 사이에 77%나 증가했는데, 이는 백인 24%, 중남미계 15%, 흑인 7%보다 매우 높아 집단 내 소득 격차가 심각한 현실을 보여 준다.

아시아인의 연 수입이 백인보다 높다는 통계가 종종 인용되지만 반론도 있다. 아시아인의 연 수입이 백인보다 높게 나타난 이유는 다음과 같다(장태한 2004, 129, 130). 첫째, 아시아인 가정은 대가족인 경우가 많아 핵가족인 백인 가정보다 일하는 사람 수가 많다. 따라서 가구당 연 수입을 가지고 아시아인과 백인을 비교하는 통계는 의미가 없고, 1인당 연 수입을 비교하면 백인이 아시아인보다 훨씬 높다. 둘째, 지나친 일반화에 따른 오류이다. 아시아계는 한국·일본·중국 출신뿐만 아니라 남아시아, 동남

아시아, 태평양 제도계, 인도계, 몽족, 사모아인, 하와이 원주민 등이 모두 포함되는 매우 넓은 범주다. 그럼에도 인종 정치를 논할 때 종종 아시아계의 거대한 다양성이 무시된다. 아시아계 이민자는 내전을 피해 이주한 동남아시아 난민부터 유학생, 박사, 고급 기술자, 컴퓨터 프로그램 개발자 등을 모두 포함한다. 부탄계 미국인은 일본계보다 훨씬 가난하며, 태평양 제도계는 어떤 인종 집단보다 실업률이 높으며, 몽족과 방글라데시계의 빈곤율은 26~28%로 흑인 및 중남미계와 비슷하거나 약간 더 높다(올루오 2019, 251). 따라서 아시아인을 하나의 범주로 묶는 것은 논리적 오류를 일으킬 수 있는 데다가, 아시아인 전체를 모범 소수민족이라는 단일 프레임에 가두면 아시아인 집단 내의 경제적 불평등과 빈곤 문제를 등한시하기 쉽다.

또한 집단 차원의 고정관념인 모범 소수민족 담론은 개인의 성과를 폄하하게 한다. 수학 공부를 열심히 해서 뛰어난 성과를 일군 학생을 두고 '아시아인이니까 당연히 수학을 잘하겠지'라고 생각할 수 있다. 즉, 개인을 특정 인종 집단의 일원으로 격하하고, 개인이 이뤄 낸 업적을 그의 땀과 노력의 결과물이 아니라 당연하다고 깎아내리는 것이다. 반면 아시아계 학생이 수학을 못하면 '아시아계인데 왜 수학을 못하느냐'는 눈총을 받을 수 있다. 아시아계라고 모두 학업 능력이 우수할 리가 없는데 상대적으로 뛰어나지 않은 학생은 아시아계 집단에 붙은 긍정적인 고정관념으로 말미암아 피해를 입는다. 긍정적인 고정관념이 조장한 암묵적 편향은 아시아인에게 일종의 세금을 부과한다. 이를 '아시아인 세금'Asian tax이라고 한다. 아시아계 학생은 SAT에서 만점에 가까운 1550점 정도를 받아야 1410점 정도를 받은 백인 학생, 1100점 정도를 받은 흑인 학생과 동등하게 상위권 대학 합격의 기회를 겨룰 수 있다고 한다(Espenshade and Radford 2009). 모범 소수민족 신화는 아시아인에게 다른 집단보다 높은 기준을 제시하고 이를 넘도록 요구한다.

더 심각한 문제는 개인들이 고정관념을 내면화해 스스로를 그 편견에 가두는 것이다. 아시아계 학생은 자신이 창의성이 요구되는 예술 및 인문학 분야보다 수학과 과학에 적합하다고 생각해 예술이나 인문학 분야에 아예 도전하지 않는 경향이 있다. 용기를 내어 도전하더라도, 아시아계 미국인이 수학과 과학에 뛰어나다는 고정관념 때문에 예술과 인문학 분야에서 아시아계를 진지하게 받아들이지 않도록 할 수 있다(올루오 2019, 253). 실제로 한국계 이민자 가족의 미국 정착기를 그린 영화 〈미나리〉(2020년)가 골든 글로브 최우수 외국어 영화상 후보에 오른 것을 두고 논란이 있었다. 대부분의 대사가 한국어이나 미국 영화사가 제작하고 미국 국적 감독이 미국에서 연출했는데, 이를 외국어 영화로 분류하고 최우수 작품상 후보에서 배제한 것은 아시아 문화에 대한 인종차별적 결정이라는 지적이었다. 〈미나리〉와 대비되어, 독일어와 프랑스어가 차지하는 비중이 70% 이상이었던 미국 영화 〈바스터즈〉(2010년)까지 소환되었는데, 유럽어를 사용한 이 영화는 외국어가 아닌 최우수 작품상 후보에 올랐다. 아시아의 예술과 언어는 미국 사회에서 여전히 '이등' 처우를 받고 있는지도 모르겠다.

강력한 고정관념에 사로잡힌 개인들은 타자의 시선을 과도하게 의식한다. 그리고 성과가 안 좋아 고정관념이 틀리지 않다고 입증될까 봐 두려워한다. 두려움은 해당 고정관념을 자신도 모르게 내재화하는 자기 충족적 예언 효과를 가져온다. 즉, 개인이 고정관념에 반복적으로 노출되면, 그 편향을 어느샌가 내면 깊숙이 받아들이게 된다. 이를 서구 사회의 아시아인에게 적용하면, 온순하므로 리더가 되기 어렵다는 편견은 결국 스스로 순종적이고 고분고분한 중간 관리자의 위치에 머무르게 할 수 있다. 또한 정치적으로 온건하다는 고정관념을 내면화하면 정치 참여에 소극적이고 정치과정에서 활발한 목소리를 내지 않게 된다.

마지막으로, 모범 소수민족 신화는 아시아인에 대한 혐오 현상을 심화할 수 있다. 앞서 이 담론이 소수 인종 간 분열을 조장한다고 강조한 바 있다. 아시아인은 다른 소수 인종 집단들, 특히 정부가 제공하는 혜택을 챙기는 '복지의 여왕'welfare queen으로 조롱받는 흑인과 자주 대비된다. 흑인에게 아시아인은 질시의 대상이 될 수 있으며, 국가적 위기가 발생할 때 폭력과 테러의 대상이 되기 쉽다. 부유하고 똑똑하다는 아시아인에 대한 편향은 미국이 일본이나 중국 등과의 대외관계가 삐걱댈 때마다 흑인뿐만 아니라 백인의 민족주의도 자극해 아시아인에 대한 질시와 경쟁심을 거세지게 한다. 1980년대 아시아인에 대한 폭행 및 혐오 범죄가 급증한 배경에는 미국의 대 일본 및 아시아 무역 적자, 미국 자동차 산업의 몰락에 따른 국제경쟁력 약화, 실업률 증가 등으로 미국 노동자들이 아시아에 대한 위협감과 질시가 생겼다는 점이 있다. 레이건과 부시 행정부가 들어서면서 극단적 보수주의 세력에 힘이 실렸고, 미국인들은 일본 및 아시아 국가의 급속한 경제성장과 국제경쟁력 강화, 경제적 공세가 미국 경제의 몰락을 초래한 직접적 원인이라고 믿었다. 이런 믿음은 미국에 거주하고 있는 아시아계에 대한 폭력으로 이어졌다. 코로나19가 발생한 이후 증가하고 있는 아시아인 혐오 현상도 근본적으로는 미국 사회가 아시아인에게 부여한 모범 소수민족 신화가 낳은 부산물이다.

앞에서도 말했듯이, 서구 사회에서 아시아계에 대한 이미지는 황화론에서 모범 소수민족론까지 급반전을 경험했다. 게리 오키히로Gary Okihiro는 남성화된 아시아인의 위협이 강조될 때는 '위험한 황인종'이라는 황화론이 득세하고, 여성화된 아시아인의 순응적 태도가 요구될 때는 모범 소수민족론이 주목받는다고 설명한다(Okihiro 1994, 141, 142; 진구섭 2020에서 재인용). 그런데 중요한 것은 황화론이든 모범 소수민족론이든 아시아인은 언제나 주류가 아닌 아류로서 인종화된다는 점이다. 황화론은 아시아인을 남성화해 두려운 존재로 묘사하며 흑인의 아류로 인종화한다. 서구 사회에서 흑인은 '남성', '범죄', '폭력', '큰 체구'로 정형화되기 때문이다. 반면 모범 소수민족론은 아시아인을 명예 백인 자리에 위치시키며 백인의 아류로 간주한다.

6.

왜 아시아계 여성을
표적으로 하는가

아시아계 여성에 대한 서구 사회의 편견

　2021년 발생한 조지아주 애틀랜타 스파 총격 사건의 사망자 대부분이 여성이라는 사실은 결코 우연이 아니다. 경찰 당국이 초기에 비극적인 사건의 원인을 성 중독이라고 발표한 것도 그냥 나온 말이 아니다. 아시아인 혐오 현상이 흑인에 대한 차별 문제와 다른 지점 중 하나는 약자인 여성이 주요 범죄 대상이 되고 있다는 점이다. 아시아인 혐오 범죄의 피해자 가운데 3분의 2(61.8%)가 여성이다(STOP AAPI HATE national report 참고).

　왜 아시아계 여성이 남성보다 혐오 범죄의 표적이 되는가? 이는 아시아계 여성에 대한 서구 사회의 뿌리 깊은 편견에서 비롯되었다. 애틀랜타 총격 사건 직후 경찰이 인종적 동기를 배제하려 한 것 자체가 아시아인에 대한 인종차별적 인식을 고스란히 드러냈으며, 더 나아가 원인을 범인의 성 중독으로 몰아갔던 경찰과 매체의 반응은 아시아계 여성에 대한 고질적 편견에서 벗어나지 않았다. 아시아계 여성, 특히 서비스 산업에 종사하는 이들에 대한 편견은 가해자 백인 남성을 아시아계 여성의 부도덕한 유혹을 이겨내지 못한 불운한 사람으로 보이게 했다.

여성을 대상으로 한 아시아인 혐오 범죄는 인종 범죄와 젠더 범죄의 차원이 모두 있는 복합적 사건으로 해석해야 한다. 아시아계 여성은 인종과 젠더 정체성이 상호작용하는 교차 집단 또는 이중 소수집단이다.

1989년 법학자 킴벌리 크렌쇼Kimberlé W. Crenshaw는 흑인 여성이 겪는 차별 경험을 드러내고 법적인 차별 개념의 한계를 지적하기 위해 교차성intersectionality이라는 개념을 처음 사용했다. 흑인 여성 노동자들이 정리 해고를 당하자 회사를 상대로 차별 금지법 위반 소송을 제기했는데, 크렌쇼는 이 사건과 관련해 법률이 성차별과 인종차별을 별개로 다룬다고 비판했다. 그는 차별받는 사람들의 처지를 교차로에 서있는 상황에 비유하면서, 모든 여성이 동일한 억압을 경험하는 것이 아니라 인종적 억압, 계급적 억압 등 여러 억압의 교차점에 놓일 수 있다고 보았다. 즉, 교차성이란 인종, 젠더, 성 정체성, 계급, 장애 등에 따른 차별이 각각 분리된 것이 아니라 서로 교차하면서 다중의 차별이 발생하는 경우를 가리킨다. 다수의 정체성이 겹치는 교차점에서 사람들이 맞닥뜨리는 차별 문제에 주목하는 이 개념은, 범주들의 가장자리로 밀려나 눈에 잘 띄지 않고 사회의 책임 밖에 놓인 사람들을 인지하는 데 유용하다. 개인에게는 매우 다양한 정체성이 있으며, 정체성에 따라 여러 조각으로 분리할 수도 없다. 자신이 가진 정체성을 한번 적어 보자. 우선 국적에 따라 한국인, 일본인, 중국인 등의 정체성을 가질 수 있으며, 자신의 젠더에 따라서도 각기 다른 정체성이 있는 것이다. 또한 거주 지역에 따라 서울 시민, 부산 시민, 광주 시민의 정체성을 형성할 것이며, 종교에 따라서도 마찬가지이다. 이처럼 누구나 다양한 정체성이 모여 하나의 개체가 된다.

우리의 정체성들은 삶의 중요한 결정·태도·경험, 그리고 주위 세계와의 상호작용에 영향을 미친다. 그런데 인종, 젠더, 성 정체성, 지역, 계층 등은 분리되어 존재하는 것이 아니라 서로 교차되어 있으며, 이런 다중 정체성은 서로 결합해 영향을 미친다. 그러므로 우리가 어느 한 가지 사회적 차별 범주만으로 현상을 보려 들면 차별의 본질을 밝혀낼 수 없다. 차별 범주들은 서로 교차하고 결합하며 강화되기 때문이다. 다양한 정체성이 어떻게 교차하고 상호작용하는지를 고려해야 차별의 본질을 왜곡하지 않고 제대로 이해할 수 있다.

아시아인을 향한 증오 범죄 피해자가 주로 여성이라는 사실은, 고정관념의 교차성이라는 측면에서 아시아인 혐오 현상의 본질을 바라봐야 한다는 것을 시사한다. 아시아계 여성을 대상으로 한 혐오 범죄는 성차별과 인종차별이 복합적으로 작용하고 있다. 아시아인의 원형prototype, 즉 사회적 규준은 아시아계 남자다. 그리고 여자의 원형은 백인 여자다. 즉, 아시아계 여성은 아시아인의 원형도 아니고 여자의 원형도 아니다. 아시아계 여성처럼 비원형적 정체성이 이중으로 겹칠 때 두 정체성 가운데 더 강력한 하나만 선택되는 일은 잘 일어나지 않는다. 대부분은 아시아계 여성처럼 인종 고정관념과 젠더 고정관념의 두 범주가 결합해 문제가 가중되고 복잡해지는 다중 범주가 생성된다. 매릴린 프라이Marilyn Frye는 이를 새장에 비유했는데, 새장에 얼굴을 바짝 가져다 대면 새장의 철망이 보이지 않아 왜 새가 날아가지 않는지 이해할 수 없지만, 뒤로 물러나 바라보면 철사가 가로와 세로로 교차해 새가 날아가지 못하게 막고 있음을 이해하게 된다(Frye 1983). 새장의 새처럼, 아시아계 여성은 '아시아인'이라는 가로 철망과 '여성'이라는 세로 철망이 교차하는 차별의 힘에 갇힌 셈이다.

사례를 더 살펴보자. 흑인 남성이 밤에 산책을 즐기는데 그를 보고 백인 행인들이 불안해하는 듯했다.* 백인 행인들은 그와 눈이 마주치지 않도록 피하거나 가방을 움켜쥐기도 했으며, 방향을 갑자기 바꿔 흑인 남성의 반대쪽으로 달아나기도 했다. 그러던 어느 날 이 흑인 남성은 휘파람으로 비발디의 곡을 불기 시

★ 미국 흑인 기자인 브렌트 스테이플스Brent Staples의 사례이다(아가왈 2021, 110).

19세기 후반 게이샤의 모습

작했다. 그는 자신이 클래식을 즐기는 비폭력적인 사람이라는 신호를 보낸 것이다. 그러자 사람들의 몸짓과 표정에 서서히 변화가 나타났다. 백인 행인들은 이제 그에게 위협을 느끼지 않았으며, 그를 단순히 흑인 남성이 아니라 '고학력 또는 상류층 흑인 남성'으로 인식하게 되었다. 상류층이라는 새로운 범주가 흑인 남성이라는 기존의 범주를 대체한 것이다. 교차성이 긍정적인 고정관념을 낳은 흔치 않은 사례라 할 만하다.

그러나 아시아계 여성이 그렇듯 다중 정체성은 일반적으로 더 많은 차별을 낳는다. 비원형적 다중 정체성을 지닌 사람들은 어느 집단의 구성원으로도 온전히 인정받지 못하고, 투명 인간 취급을 당하기도 하며, 심한 사회적 편향의 희생양이 된다.

'아시아인'이자 '여성'이라는 범주에 속한 아시아계 여성은 서구 대중문화에서 둘 중 하나로 정형화되고는 한다. '게이샤'★ 또는 '드래곤 레이디'인데(아가왈 2021, 130, 131), 이처럼 아시아계 여성은 천사와 괴물로 양극화된 이미지를 경험한다. 천사처럼 상냥하고 순종적인 게이샤가 되거나, 포악하고 사악한 드래곤 레이디가 되는 것이다.

미국 사회에서 아시아계 여성은 게이샤가 연상시키듯 조용하고 온유하며 순종적인 성적 대상이라는 고정관념에 갇혀 있다.

★ 이와 비슷하게 아시아인 여성을 '연꽃'lotus blossom에 빗대어 아름답고 연약한 이미지로 규정하기도 한다.

용의 딸

아시아계 여성의 정형화된 이미지 가운데 하나인 '드래곤 레이디'의 원형은 영화 〈용의 딸〉의 '링 모이 공주' 캐릭터를 기원으로 한다.

매체도 아시아계 여성은 착하고 말을 잘 듣는다는 이미지를 지속적으로 재생산한다. 한국에서도 화제가 된 미국 드라마 〈로스트〉Lost에서 한국 배우 김윤진이 맡은 역할은 남편에게 지극히 순종적인 아시아계 여성이었다. 2017년 세계의 시청자들에게 웃음을 선사한 방송 사고의 주인공 로버트 켈리Robert Kelly 부산대학교 교수 가족을 기억할 것이다. 켈리 교수는 박근혜 대통령 탄핵 당시 영국 BBC와 화상 연결로 인터뷰하는 중에 아이들이 방에 난입해 화제가 됐다. 잠시 후 아시아계 여성이 황급히 아이들을 방에서 데리고 나가는 장면이 연출되었다. 그런데 방송 후, 프라기야 아가왈 교수가 실시한 온라인 여론조사에서 응답자의 70% 이상이 이 여성을 아이들을 돌보는 유모로 생각했다는 결과가 나와 논란이 되었다(아가왈 2021, 36, 37). 사실 그 한국인 여성은 켈리 교수의 부인이자 아이들의 어머니였기 때문이다. 아가왈 교수는 백인 남성은 백인 여성과 결혼한다는 자동적인 연상과 아시아계 여성은 도우미나 조수처럼 보조적인 일을 한다는 고정관념이 동시에 작용했다고 해석했다.

한편, '드래곤 레이디'는 1930년대 서구에서 만들어진 용어로, 아시아계 여성을 사악하고 관능적이며 위압적으로 묘사할 때 사용된다. 아시아계 여성에 대한 정형화된 이미지의 하나인 드래곤 레이디는 미국 최초의 중국계 배우 애나 메이 웡Anna May Wong이 〈용의 딸〉Daughter of the Dragon(1931년)에서 맡은 '링 모이 공주' 캐릭터에서 그 기원을 찾을 수 있다. 더 최근에는 쿠엔

틴 타란티노Quentin Tarantino 감독의 〈킬 빌〉Kill Bill(2003년)에서 중국계 배우 루시 리우Lucy Liu가 맡은 역인 오렌 이시이가 있었다. 루시 리우는 기고문에서 "〈킬 빌〉에는 나 말고도 여성 킬러 셋이 더 등장한다. 왜 그들은 드래곤 레이디가 아닌가? 그들이 아시아인이 아니기 때문이다. 미국에서 아시아인은 여전히 '다른 것'으로 여겨진다"라고 지적했다(*Washington Post* 2021/04/29).

이처럼 아시아계 여성은 교활하고 기만적으로 그려지다가 때로는 백인 남성들의 판타지를 충족하는 방식으로 성적 대상화된다. 서구 사회에서 역사적으로 아시아계 여성은 과잉 선정성과 연계되어 성적이며 부도덕한 존재로 여겨지기도 했다. 백인 남성 사이에 실재하는 '옐로 피버'yellow fever라 불리는 현상이 있다. 이는 백인 남성이 아시아 여성에게 강하게 끌리는 성향을 일컫는 속어이자, 아시아계 여성에 대한 백인 남성의 남성 우월적이고 차별적인 페티시즘을 가리킨다. 일부 백인 남성이 아시아 여성만을 고집하며 데이트를 하는 우월주의적 모습은 아시아계 여성에 대한 인종주의 편견에서 비롯된 셈이고, 이런 편견은 19세기 중반 아시아인의 이민이 시작되던 시기에서 그 연원을 찾을 수 있다.

1882년 〈중국인 배척법〉은 미국에 거주하는 중국인에게 큰 악영향을 끼쳤다. 중국인의 유입이 전면적으로 중지되면서 중국인 수가 줄어들었던 것이다. 그런데 이미 그에 앞서 1875년에 통과된 〈페이지법〉Page Act of 1875이 중국 여성의 이민을 가로막는 기능을 하고 있었다. 이 법은 미국의 이민 제한을 명시한 초기 연방법 중 하나로, 부적절해 보이는 이민자의 입국을 금지하고자 제정되었다. 구체적으로는 중국·일본을 비롯해 아시아 국가 출신 여성이 성매매를 비롯해 음란하고 부도덕한 목적을 위해 미국에 입국하는 것을 금지한다고 명시했다. 이 법은 아시아계 여성을 성매매 종사자로 간주해 결과적으로 거의 모든 아시아 여성의 입국을 막았다. 아시아 여성이 미국에 부도덕함을 가져온다는 인종차별적이고 성차별적인 고정관념이 이 시기부터 시작된 셈이다.

미국 사회는 아시아계 여성에 대해 왜 이런 표상을 갖게 되었을까? 역사적인 근원을 찾아 거슬러 올라가 보자. 당시 미국 내 초기 중국인 사회는 '총각 사회'라고 불릴 만큼 비정상적인 사회였다.★ 남녀 비율이 15 대 1로 여성이 절대적으로 부족했다. 중국에서 미국까지 배를 타고 몇 달이 걸리는 힘든 여정인 데다가 황무지 같은 서부의 척박한 환경 때문에 배우자나 자식과 함께 오기보다는 홀로 이주를 결심하는 남성이 대부분이었다. 이런 상황 탓에 당시 미국에 이주해 온 중국인 여성 대부분은 성매매에 종사하거나 하녀로 일하러 왔다. 또한 당시 중국은 아편전쟁 패배로 심각한 경제 불황을 겪었으며 가난한 아버지들은 돈을

★ '총각 사회'의 특징 및 원인에 대한 설명은 장태한(2004, 64~71)을 참고했다.

받고 어린 딸을 팔아넘기곤 했다. 한편 차이나타운 암흑가를 지배하던 통tong, 堂이라는 중국 범죄 조직은 성매매 집결지를 운영했는데, 총각 사회인 중국인 커뮤니티에서는 적지 않은 돈벌이가 되었다. 이렇게 수요와 공급이 맞아떨어지는 상황에서 인신매매된 중국인 여성들은 미국 차이나타운에서 비인간적인 삶을 살아야 했다. 초기 중국인 사회가 이러했기에 미국 사회는 차이나타운을 조직범죄·성매매·마약·도박 등이 만연한 게토로 인식했다. 결국 전체 중국인 사회를 매우 부정적으로 보게 했고, 중국인에 대한 인종적 편견, 중국인 여성에 대한 성적 편견 등을 조장했다.

애틀랜타 스파 총격 사건의 범인을 유혹에 시달린 불운한 사람으로 묘사하는 것은 가해자인 백인 남성을 사건의 책임에서 면제하고, 희생된 아시아계 여성에게 오히려 책임을 전가한다. 아시아계 여성이 백인 남성을 '유혹'해 이런 일이 벌어졌다는 것이고, 가해자인 백인 남성의 문제가 아닌 아시아계 여성 마사지사들의 부도덕하고 선정적인 행동이 문제가 되기 때문이다. 아시아계 여성을 음란하고 부도덕한 성적 대상으로 보는 미국 사회의 고정관념이 이번 사건에서도 여실히 드러났다.

유럽인들은 아메리카와 접촉한 초기부터 신대륙을 여성의 이미지로 그렸다(신문수 2009, 62~64). 신대륙은 문명이 채 발달하지 않은 야만적이고 미개한 사회이며, 문명과 복음을 전하러 온 유럽인을 관능적인 여성의 모습으로 유혹한다고 묘사하곤 했는데, 백인들에게 신대륙은 사회적 책임과 청교도적 금욕주의로부터 자유로운 지상낙원인 동시에, 본능적인 관능을 자극하고 유혹하는 선정적이며 위험한 곳이었다. 따라서 유럽인들에게 신대륙은 잘 관리해 길들여야 하는 곳, 억압하고 지배해야 하는 세계였다. 아시아계 여성도 그런 존재였다. 조용하고 순종적이지만 때로는 백인 남성을 유혹하는 선정적이고 사악한 존재, 따라서 억누르고 위압해야 하는 대상이었다.

고정관념의 틀에 갇힌 흑인 여성

서구 사회는 아시아계 여성뿐만 아니라 흑인 여성에 대해서도 부정적인 고정관념이 있었다. 우선 '성난 흑인 여자 신화'가 있다. 흑인 여성은 이유 없이 화를 내고 공격적이며, 비논리적이고 적대적이라고 규정한다. 이 때문에 흑인 여성이 정당한 요구를 해도 그 요구는 비합리적이고 타당하지 않게 간주되며 쉽사리 무시된다. 실제로 흑인 환자는 백인 환자에 비해 제때 적절한 의료 조치를 받지 못한다는 결과가 있는데 그 이유가 충격적이다. 주로 백인인 의료진이 흑인 환자는 증상을 과장하고 과민하게 반응한다고 여겨 적극적으로 치료하지 않았다는 것이다.

성난 흑인 여성이라는 고정관념은 1950년대 리디오 쇼 〈아모스와 앤디〉Amos 'n' Andy에서 흑인 여성을 건방지고 대담하며 거만하게 묘사한 데서 시작되었다. 그 후 이 고정관념은 50년 넘게 주류 매체에서 재생산되고 있다. 2018년 9월 오스트레일리아 신문 『헤럴드 선』은 세리나 윌리엄스Serena Williams가 나오미 오사카Naomi Osaka와의 유에스 오픈 결승 경기에서 라켓을 때려 부수는 장면을 그린 만평을 실어 오스트레일리아뿐만 아니라 세계적으로 인종차별적이라는 논란을 일으켰다.★ 심판 판정에 항의하는 윌리엄스를 방방 뛰며 떼쓰는 어린애로 묘사했기 때문이다. 마치 윌리엄스의 항의는 정당하지 않을뿐더러 조절되지 못한 비이성적인 분노에 지나지 않는다는 듯이 말이다.

　미국 역사상 첫 흑인 퍼스트레이디였던 미셸 오바마도 성난 흑인 여자로 불렸다(아가왈 2021, 113). 그녀는 자서전 『비커밍』에서 다음과 같이 적었다. "마지못해 공인으로 살기 시작한 뒤로 세계에서 가장 유력한 여성으로 치켜세워졌고, '성난 흑인 여자'라고 깎아내려졌다. 이런 말로 나를 비방한 사람들에게 특히 어느 대목이 못마땅하냐고 묻고 싶은 적이 한두 번이 아니었다. '성난'인지, '흑인'인지, '여자'인지?"(오바마 2018, 10). 성난 흑인 여성 신화는 흑인 여성의 정당한 요구를 비합리적인 요구 및 과민

★ 오스트레일리아언론위원회Australian Press Council는 이 만평이 인종차별적이지 않으며, 언론 기준을 위배하지 않았다는 결론을 내렸다. 과장되고 우스꽝스러운 면을 강조했지만, 세리나 윌리엄스를 (인종차별주의적인) 유인원이 아니라 독자들에게 친숙한 캐리커처인 화가 나서 떼쓰는 어린아이로 묘사했다는 것이다.

반응으로 치부하는 데 사용되고 있다.

미국 사회가 흑인 여성에 대해 갖는 또 다른 고정관념은 '복지의 여왕' 프레임이다. 앞서 말했듯이 복지의 여왕은 일하려 하지 않고 복지 시스템을 통해 정부로부터 돈을 뜯어내는 빈곤층 흑인 여성을 가리킨다. 이 프레임은 자격 없는 복지 수혜자가 납세자의 피를 빨아 배를 불리는 모습을 묘사하며 공공 부조나 국가 수당을 받는 흑인 여성들을 악마화해 비난하는 도구로 사용되고 있다(아가왈 2021, 114, 115). 복지의 여왕이라는 인물은 전미국 대통령인 로널드 레이건이 1976년 캘리포니아 주지사 선거 유세에서 창조한 가상의 인물이다. 당시 레이건은 네 명의 죽은 남편 명의로 연금을 수령하고, 수십 개의 가명을 이용해 정부 지원 복지 혜택을 받아 캐딜락을 몰고 다니는 흑인 여성이 있다며 그 여성을 '복지의 여왕'이라고 불렀다. 레이건은 무분별한 복지 확대 정책 때문에 복지 제도가 악용되고 세금이 낭비되고 있다고 주장하고자 복지의 여왕 이야기를 선거 내내 반복했고, 이는 주지사 선거 및 4년 후 대선에서 승리하는 데 기여했다. 레이건의 정치적 성공에 큰 공을 세운 '복지의 여왕'이 허구의 인물이라고 밝혀졌음에도 흑인 여성에 대한 고정관념으로 남아 여전히 강력한 영향을 미치고 있다.

서구가 아시아계 남성에게 씌운 이미지들

아시아계 남성에 대한 고정관념은 어떨까? 대표적인 것이 '여성화'된 아시아계 남성의 이미지다(이하 장태한 2004에서 일부 참고). 아시아계 이민의 선두 주자였던 중국인은 요식업이나 세탁업을 하는 사람들로 종종 간주된다. 그런데 요리와 빨래는 전통적으로 남성의 일이 아니라 여성에게 부과된 역할이었다. 19세기 중반 미국 서부 캘리포니아는 황무지나 다름없었는데 금광이 발견되며 급속도로 개발되었다. 하지만 무법 지대와 같은 척박한 환경이라 주로 남성이 주를 이루었고 여성은 절대적으로 부족했다. 따라서 전통적으로 여성이 맡아 오던 일을 중국계 남성이 담당했다. 그들은 빨래를 하고 요리를 했다.

'여성화'된 아시아계 남성은 성적 매력이 없는 양 취급되었다. 백인 사회에서 흑인 남성이나 유대인 남성의 경우 내집단(백인) 여성을 괴롭힌다고 비난받는 패턴이 발견된다. 흑인 남성을 백인 여성에게 성적 위협을 가하는 존재로 본다거나 유대계 남성이 독일 여성을 괴롭힌다고 주장하듯이 말이다. 그러나 여성화된 아시아 남성에게는 이런 이미지가 존재하지 않는다. 서구 사회에서 아시아계 남성은 여성시되어 '섹슈얼리티가 부족한 유약한 남성'이기 때문이다. 이런 고정관념 때문에 아시아계 남성은 종종 멸시받고 조롱당한다.

사실 남성을 여성화하는 현상이 아시아계에게만 나타난 것은 아니다. 가령 유대인 남성도 그런 대상이 되고는 했는데, 매달 여성처럼 월경한다는 속설이 고대 말기부터 시작해 13세기 이후 서유럽에 널리 퍼졌다. 터부시되어 오던 월경을 남성도 한다고 말함으로써 유대인 남성을 겁 많고 수동적이며 열등한 존재로 낙인찍었던 것이다(염운옥 2019).

아시아계 남성에 대한 서구 사회의 또 다른 낙인찍기는 동양인 악당 푸 만추Fu Manchu 캐릭터에서 잘 나타난다. 푸 만추는 가는 팔자수염이 난 아시아계 남성으로 20세기 내내 소설, 영화 등에서 지속적으로 재생산된 간사한 악당 캐릭터다. 이와 비슷하게 모토 씨Mr. Moto라는, 미국 대중문화가 만들어 낸 전형적인 일본인 캐릭터도 있다(후지타니 2011, 190). 모토 씨는 미국인 소실가 존 필립스 마퀀드John Phillips Marquand가 1935년에 쓴 『영웅은 없다』No Hero★라는 소설에서 스파이로 나오는데, 교활하고 믿을 수 없으며 미스터리적인 비밀이 있는 등장인물이다. 그 후

★ 이 소설은 나중에 『우리 차례예요, 모토 씨』Our Turn, Mr. Moto로 제목이 바뀌어 출판되었고, 영국에서는 『손을 잡는 모토 씨』Mr. Moto Takes a Hand라는 제목으로 출판되었다. 그 후로도 모토 씨를 주인공으로 한 여러 소설이 출판되는데, 『고마워요, 모토 씨』Thank You, Mr. Moto(1936년), 『빨리 생각하세요, 모토 씨』Think Fast, Mr. Moto(1937년), 『모토 씨는 정말 죄송합니다』Mr. Moto Is So Sorry(1938년), 『마지막 웃음, 모토 씨』Last Laugh, Mr. Moto(1942년), 『맞아요, 모토 씨』Right You Are, Mr. Moto(1957년) 등이 있다.

작가 : Carl Burgos
자료 : 위키미디어 커먼스

닥터 푸 만추

1958년 1월 16일에 발행된 『닥터 푸 만추』의 표지이다.

모토 씨는, 유도를 연습하면서 백인들을 돕는 척하는 비열한 탐정으로 여러 영화에 등장했다. 푸 만추나 모토 씨처럼 서구 매체가 그려내고 전파한 악의적인 캐릭터는 아시아계 남성을 제대로 된 성 역할을 하지 못하며 여자를 밝히는 징그러운 호색한으로 정형화했다.

아시아인을 혐오하는 서구 매체

매체들이 아시아계 남성을 어떻게 표현하는지는 개인 삶에도 적지 않은 영향을 미친다. 2014년 추노카이 교수 연구팀이 온라인 데이트 패턴을 분석한 결과에 따르면 아시아계 남성에 대한 고정관념은 사람들의 데이트 패턴과도 무관하지 않았다(Tsunokai, McGrath, and Kavanagh 2014; 아가왈 2021에서 재인용). 사람들이 특정 인종 집단의 구성원과 데이트할 의향을 살펴보니, 아시아인이 먼저 연락한 경우 백인 남성은 아시아계 여성에게 회신한 반면, 백인 여성이 아시아계 남성에게 답장하는 경우는 찾기 어려웠다. 더군다나 백인 여성뿐만 아니라 아시아계 여성도 아시아계 남성에 대한 고정관념의 영향을 받는 것으로 나타났다. 백인 남성과 아시아계 남성이 동시에 관심을 보였을 때, 아시아계 여성은 백인 남성에게 더 적극적으로 회신하는 경향을 보였다. 이처럼 사회가 조장하는 편견은 우리도 모르는 사이에 서서히 우리 내부로 스며든다.

1990년 다문화 아동 문학의 어머니로 불리는 루딘 심스 비숍 Rudine Sims Bishop 교수는 책은 거울과 같다고 말했다(Stechyson 2019/07/03). 책은 우리 삶을 그대로 비추므로 독서는 자아 확인 수단이 된다는 것이다. 대표성이 중요한 이유가 바로 여기에 있는데, 책이 갖는 긍정적인 거울 경험에서 느끼는 것과 마찬가지로, 우리는 우리와 비슷한 사람들이 불가능해 보이는 일을 해내는 것을 보면서 나도 할 수 있다는 용기를 얻는다. 그런데 만약 매체들이 '깨진 거울'만 계속 보여 준다면, 소수 인종의 자아 정체성 및 자기 확인에 매우 부정적인 영향을 미칠 것이다.

매체는 일반 사람들의 정체성을 형성하는 데 막대한 영향을 미친다. 매체가 형성하고 확산시키는 반아시아적 이미지는 인식하기 힘들고, 따라서 더 영향력이 있으며 이를 개선하기는 더 어렵다. 특히 아이들이 읽는 동화책에 아시아인이 묘사되는 방식은 매우 우려스럽다. 2018년 동화책 주인공의 인종을 조사한 통계 자료*에 따르면, 소수 인종 캐릭터를 모두 합치니 23%에 불과했고, 이는 동물을 주인공으로 한 캐릭터 비중(27%)보다 낮았다.

★ 미국 위스콘신 대학교의 '어린이 책 협력 센터'Cooperative Children's Book Center, CCBC가 조사한 자료다. 1985년 이래 미국 어린이 동화책의 다양성 통계를 수집하고 있으며, 2018년에는 3134권을 평가해 통계 수치를 발표했다.

비중이 가장 높은 것은 50%를 차지한 백인 캐릭터였다. 흑인은 10%, 아시아인은 7%로 나타나 아시아계 동화책 주인공은 매우 적다는 사실을 알 수 있다.★★

닥터 수스Dr. Seuss는 세계에서 가장 유명한 아동 그림책 작가 가운데 한 명이다(『조선일보』 2021/03/03). 그의 동화책은 미국 어린이들이 성장기를 함께하는 상징이며, 미국의 기념일인 '책 읽는 날'은 그의 생일인 3월 2일로 제정되었을 정도다. 그러나 그의 동화책은 종종 아시아인을 백인의 몸종으로 묘사해 인종차별적이라고 비판받는다. 책에서 아시아인 캐릭터는 백인의 지시를 받는 식으로 종종 묘사되며, 눈동자가 제대로 그려져 있지 않다. 아시아인은 아무 때나 젓가락과 밥그릇을 들고 다닌다. 덧붙여 흑인은 풀로 만든 치마를 두르고 맨발로 다닌다. 자라나는 아이들에게 아시아인과 흑인에 대한 이런 묘사가 동화책을 통해 지속적으로 노출된다면, 인종차별주의 인식과 아시아인에 대한 반감이 자연스럽게 싹틀 것이다.★★★

매체의 반아시아인적 묘사는 아시아인 차별의 역사만큼이나

★★ 1969년부터 미국 공영방송 PBS에서 방영된 미국의 최장수 어린이 프로그램 〈세서미 스트리트〉Sesame Street에 최근 한국계 미국인 캐릭터가 등장했다. 일곱 살인 지영이 그 주인공으로, 조지 플로이드 사망 사건과 아시아계에 대한 혐오 범죄 증가가 이런 변화를 이끌었다고 한다. 한편으로 아시아인 캐릭터의 첫 등장은 소수자에 대한 관용을 강요한다는 보수 진영의 반발도 야기했다.

닥터 수스

『그린치는 어떻게 크리스마스를 훔쳤을까』*How The Grinch Stole Christmas* 의 마무리 작업을
하고 있는 닥터 수스.

오래된 것이다. 1897년에 출판된『조선과 그 이웃 나라들』*Korea and Her Neighbours*이라는 기행문이 있다. 영국의 여행가 이사벨라 버드 비숍Isabella Bird Bishop이 1894~97년 네 차례에 걸쳐 조선을 방문하고 답사한 기록이다. 구한말인 이 시기는 청일전쟁, 을미사변, 아관파천으로 이어지는 정치적 격동기였다. 비숍은 이 책에서 당시 조선을 중세적 시간대에 살고 있는 정체된 사회, 그리고 극히 원시적이고 뒤떨어진 농업국으로 묘사한다. 그녀는 왕의 거둥舉動을 구경하며 "세련되지 않은 중세풍의 화려함 속에 지나가는 행렬"에 대해 적는다. 그리고 왕을 가까이서 모시는 궁정 시종들이 조선 '중세' 특유의 화려한 옷차림을 하고 나타났다고도 적는다(비숍 2019, 48). 조선을 중세로 묘사함으로써 비숍은 시간적 동시성을 부정한다(신문수 2009, 474, 475). 또한 비숍은 한국 사람들이 가진 부정적 특질을 계속 언급한다. 게으름·무례함·무절제·불결함 등인데, 미국 사회에서 초기 아시아계 이민자에게 부여된 부정적 특성과 동일하다. 예를 들어, "조선의

★★★ 2021년 3월 그의 책 가운데 인종차별적 묘사가 문제가 되어 판매 중단된 여섯 권은 다음과 같다.『그리고 멀베리가에서 그것을 봤던 기억을 떠올려 보니』*And to Think That I Saw It on Mulberry Street*,『내게 동물원이 생긴다면』*If I Ran the Zoo*,『맥앨리것의 연못』*McElligot's Pool*,『얼룩말을 넘어서!』*On Beyond Zebra!*,『스크램블 달걀이 최고!』*Scrambled Eggs Super!*,『고양이의 퀴즈를 푸는 사람』*The Cat's Quizzer*.

자료 : 위키미디어 커먼스

이사벨라 버드 비숍

낮은 신분의 여성들은 버릇이 없고 예의가 없으며 같은 계급에 속하는 일본 여성의 우아함이나 중국 시골 여성의 과묵하고 친절함이 전혀 없다"(비숍 2019, 353)라고 적는다. 본래 피식민자의 특성으로 이런 부정적 특질은 빈번히 거론된다. 피식민자를 열등하고 게으르고 나태하다고 정형화하면 상대적으로 식민자는 근면하다는 것이며, 근면한 식민자가 게으른 피식민자를 지배하는 것을 쉽게 정당화할 수 있기 때문이다. 미개한 조선 사회의 특징에 대해 비숍은 게으름에 더해 '무절제함'을 제시한다. 조선인들은 폭음과 폭식을 하고, 질보다 양을 추구하며, 아무것이나 다 먹는다고 비판한다.

나아가 비숍은 조선인이 불결하다고 지적한다. 미국의 초기 아시아인 이주사에서 전염병이 돌 때마다 중국인을 전염병 원인으로 지목했듯이 서구인의 눈에 아시아인은 불결한 존재였다. 개인 차원의 부정적 특질은 사회 전체의 특징으로 연결되기 쉽다. 즉, 게으름·무절제·불결함과 같은 개인적 차원의 부정성은 야만·부패·미개함·폐쇄주의와 같은 사회적 저발전으로 이어진다(신문수 2009). 심지어 그 사회는 자기 주도적으로 발전할 가능성이 없다는 주장으로 연결되어 서구 사회의 식민 지배를 정당화하는 논리가 되기도 했다. 비숍은 한마디로 "조선은 모든 면에서 미흡하고 열악하고 뒤떨어지는 수준이었다"라고 단언한다(비숍 2019, 459). 당대 영국 녹자들이 비숍이 묘사한 조신의 모습을 읽고 동방의 먼 나라에 대해 어떻게 생각했을지는 자명하다.*

이 땅을 바라본 서구의 시선을 보여 주는 또 다른 예로 시 한 구절을 소개한다.

바다 건너 저 먼 곳에 요상한 나라가 하나 있으니,
세상에는 코리아라고 알려져 있다네.
여기에는 매혹적이거나 흥미로운 일이라곤 하나도 없으며,
깨끗하다는 생각은 전혀 들지 않는 곳이라네.
벼룩, 빈대, 이가 득실거리는,
일생에 딱 한 번 가보면 도저히 가보고 싶지 않은
저 멀고 먼 나라 조선이여.

미군 팔로스호의 선장 보스트윅Bostwick이 쓴 「한국을 거쳐 가는 독서 여행」Reading Journey through Korea의 일부다(해링턴 1973; 이종찬 2010, 553~568에서 재인용). 이처럼 아시아의 먼 나라 조선은 야만적이고 불결하며 미개한 이미지로 그려지곤 했다. 서구 중심주의와 오리엔탈리즘, 인종차별주의의 강력한 힘은 매체를 통해 확산·강화·전승되어 서구 문화의 깊은 저층에 자리 잡았다.

★ 책 곳곳에 드러나는, 조선에 대한 서구 중심적이고 백인 우월적인 해석에도 불구하고, 비숍은 조선을 떠나면서 처음 조선에 대해 느낀 혐오감은 거의 애정이라 할 만한 관심으로 바뀌었으며, 사랑스럽고 친절한 조선인 친구들을 사귀었다고 말하며 책을 마무리한다.

7.

한국에서의
아시아인 혐오 현상

우리 가까이에 있는 혐오

혐오는 우리가 생각하는 것보다 훨씬 가까이에 있다. 서구 사회에서 일어나는 아시아인 혐오 현상과 혐오 범죄에 대해 우려하고 분노하지만, 동시에 우리의 현실도 직시할 필요가 있다. 아시아인 혐오는 서구의 악습만이 아니기 때문이다.

인종차별은 한국인의 일상 속에 존재하며 개인의 사소한 결정부터 세계관 형성에 이르기까지, 사회적으로는 국내뿐만 아니라 국제 관계에 이르기까지 영향력을 행사하고 있다. 우리 삶의 많은 영역에서 인종주의가 영향을 미치고 있다고 해도 지나치지 않다. 인종차별주의를 백인과 흑인이 함께 사는 다인종 국가에서나 벌어지는 일이며, 우리와는 상관없다고 여기기 쉽다. 또는 피부색에 따른 차별은 먼 과거의 일이며, 지금과 같은 이성의 시대, 세계화 시대에는 일어나지 않는다고 생각하기 쉽다. 그러나 지금, 여기에서도 외국인 혐오나 아시아인 혐오 현상은 분명히 존재한다.

서구에서 아시아인이 겪는 편견과 차별은 한국에서 다른 외국인들이 경험하는 불공평과 고정관념을 비추는 거울이 된다. 현재 한국에는 200만 명이 넘는 외국인이 거주한다. 2016~20년 주요 국적별 체류 외국인 현황을 보면 한국계 중국인을 포함한 중국이 44%(89만 4906명)를 차지하고 있으며, 베트남 10.4%(21만 1243명), 타이 8.9%(18만 1386명), 미국 7.2%(14만 5580명), 우즈베키스탄 3.2%(6만 5205명) 순이다. 국내 체류 외국인 수는 2016년 처음으로 200만 명을 돌파해 204만 9441명을 기록했는데, 이는 2007년 100만 명을 넘어선 이래 9년 만이다. 그 후 2017년 218만 498명, 2018년 236만 7607명, 2019년 252만 4656명, 2020년 203만 6075명을 기록했다. 2020년에는 코로나19의 영향으로 전체 인구(5182만 9023명) 대비 체류 외국인 비율이 약 3.9%로 감소했으나, 2019년을 기준으로 하면 약 4.9%의 수치를 보인다(법무부 「출입국 통계」).

외국인이 대한민국 전체 인구의 약 4.9%를 점한다는 것은 그 의미가 크다. 통상 학계에서 외국인 비율이 5%를 넘으면 다문화 사회로 분류하는데, 이제 우리나라도 다문화 사회 직전에 다가왔음을 뜻하기 때문이다.

거주 외국인이 많아지면서 제노포비아xenophobia, 즉 외국인 혐오 현상도 심각해지고 있다. 그러나 우리나라 사람들은 모든 외국인을 혐오하는 것이 아니라 주로 빈국 출신의, 피부색이 희지 않은 외국인을 혐오하는 경향이 있다. 박민영(2020, 200, 201)은 이를 'GDP(국내총생산) 차별'이라고 부르는데, 한국보다 경제 발전이 더딘 동남아의 저개발 국가 출신 이주민에게는 차별적 시선을 보내면서, 경제가 발전한 서구 영미권 백인 이주민들에게는 호의적인 시선을 드러내기 때문이다.

한국인들은 왜 이런 차별적 태도를 갖게 되었을까? 그 연원을 거슬러 올라가 보자. 한국인의 인종주의 역사는 길다.★ 인종주의의 연원을 개항기 즈음으로 보는 시각에 따르면, 1876년 강화도조약이 체결되고 개항이 이루어진 뒤 서양을 본격적으로 만나면서 인종주의가 한반도에 뿌리내리기 시작했다고 한다. 박노자(2002, 160)에 따르면 강화도조약 이전의 조선에는 '인종'이라는 말 자체가 존재하지 않았다고 한다. 1876년 즈음에 이미 서양은 아메리카 원주민의 생명과 재산을 빼앗고, 아프리카 흑인을 노예로 삼았으며, 인도를 식민화하고 중국을 침탈했다. 백인종이 우월하고 비백인종은 열등하다는 인종 서열 의식이 당시 서양인들에게 강하게 자리 잡고 있었는데, 이런 서구 세계의 인종차별

★ 필자는 현재 한국 인종주의의 역사를 좇는 내용을 다룬 책을 준비하고 있다. 그 책에서 한국 인종주의의 연원이 어디에 있고, 어떤 변화를 겪으며 현재 상태에 이르렀는지 자세히 논의할 예정이다.

주의가 개항과 함께 개화기 엘리트들에게 받아들여졌고, 아무런 준비 없이 굴욕적인 개항을 강요당한 조선의 지식인들은 백인들의 인종 서열 의식을 무비판적으로 수용했다. 특히 당시 조선의 대표적인 개화 엘리트였던 유길준·윤치호·서재필 등은 북미의 핵심 이데올로기였던 '인종'을 여과 없이 받아들였고, 인종주의는 『독립신문』, 『매일신문』 등의 한글 매체를 통해 새로운 세계관과 가치관으로서 일반인에게도 전파되었다. 당시 양반은 한문을 사용하고 있었으므로, 한글 신문의 발행은 대중이 처음으로 계급과 성별의 차이 없이 글을 읽고 국내외 정보를 접하는 의미 있는 일이었다(전복희 1995). 특히 『독립신문』은 대중으로부터 선풍적인 인기를 얻으면서 진보적 여론을 형성하는 데 중요한 역할을 했다(오영섭 2011, 5~36). 예를 들어, 1897년 6월 24일자 사설은 흑인을 가장 미련하고 천한 인종으로, 백인을 가장 영민하고 부지런한 인종으로 평가하는 내용을 담고 있었으며, 1899년 9월 11일자 사설에서는 백인종은 지식과 덕을 겸비한 상위 인종이지만 흑인종은 무능한 인종으로 경멸받는다고 주장했다(전복희 1995, 125~145).

이렇게 19세기 말 한반도에 발을 디딘 인종주의는 그 뒤로도 미국 중심의 세계 질서 속에서 지속되었으며, 서구의 대중문화가 여과 없이 수입되면서 일반인들의 의식 속에 자연스레 스며들었다. 이런 백인 중심의 인종 서사는 한국인의 시야를 좁히고 편견의 렌즈를 통해 세상을 보게 했다.

한국인의 친백인성과 반흑인성

　한국인들은 친백인성과 반흑인성을 모두 가지고 있다. 흰 피부가 미의 기준이 되며, 아름답게 생겼다는 것은 백인처럼 하얀 피부와 오똑한 콧날을 의미한다. 미백 크림과 화이트닝 제품이 인기가 많고, SNS(사회 관계망 서비스)에 사진을 올릴 때 미백 필터를 이용하곤 한다. 백인 중심의 서구 사회에서는 하얀색이 표준이 된다. 한국을 포함한 아시아에서도 백옥같이 하얀 피부를 미인의 조건으로 보는 컬러리즘colorism이 존재한다. 컬러리즘은 피부 톤에 따른 차별을 의미하는데, 같은 인종 집단에 속해도 피부가 흰 사람을 더 아름답다고 인식하는 것이다. 미국의 유명 패션 잡지 모델의 다수는 대개 피부색이 밝고, 흑인 모델도 흑인의 전형적인 피부색보다 밝다. 세계적으로 명성을 얻은 흑인 여성 아티스트들을 떠올려 보자. 비욘세Beyonce, 머라이어 캐리Mariah Carey, 앨리샤 키스Alicia Keys 등은 피부색이 밝은 편이다.★

　★ 비욘세의 아버지인 매슈 놀스Matthew Knowles는 일부 흑인이 비교적 밝은 피부 덕분에 더 큰 명성을 누리고 있다며, 비욘세 역시 피부색이 밝지 않았다면 크게 성공하지 못했을지도 모른다고 말했다. 실제로 2017년 이후 브리티시 톱 40위British Top 40에 든 여성 솔로 가수 68명 중 흑인은 17명이었는데, 대부분 피부색이 밝았다(〈BBC News Korea〉 2018/06/10).

물론 그들이 재능과 노력에 힘입어 세계적인 명성을 얻은 것은 틀림없지만 피부색이 밝은 흑인이 그렇지 않은 흑인보다 아름답게 인식되는 편향도 생각해 봐야 한다. 연관 개념으로 화이트위싱whitewashing 현상★★도 있는데 이는 유색인종의 피부색을 원래보다 밝게 보정해 본래 피부색을 있는 그대로 인정하지 않는 행위를 뜻한다. 패션 잡지계에서는 흑인 모델의 사진을 본래보다 밝게 보정하는 작업이 흔히 이루어진다. 한 예로, 2021년 2월 유명 패션 잡지 『보그』Vogue의 표지 사진이 논란이 되었다. 미국의

★★ 화이트위싱은 본래 백인이 아닌 역할에도 무조건 백인 배우를 캐스팅하는 것을 가리킨다. 할리우드에서 화이트위싱은 오래전부터 빈번하게 발생했는데, 1930년대 영화에서 백인 배우가 중국계 분장을 하고 연기한 것을 시작으로, 1961년 영화 〈티파니에서 아침을〉에서 미키 루니Mickey Rooney가 뻐드렁니 분장을 하고 일본인 지주 역할을 했고, 한국에서 이소룡으로 잘 알려진 브루스 리Bruce Lee는 1970년 텔레비전 시리즈 〈쿵푸〉에서 주인공 역할을 맡기로 했는데 최종적으로는 백인 배우 데이비드 캐러딘David Carradine이 역할을 가져갔다. 또한 영화 〈닥터 스트레인지〉에서는 티베트인 캐릭터를 백인 배우 틸다 스윈턴Tilda Swinton이 연기했고, 〈공각기동대 : 고스트 인 더 쉘〉에서는 아시아인 주인공 역할을 백인인 스칼릿 조핸슨Scarlett Johansson이 맡기도 했다. 디즈니 애니메이션 〈뮬란〉의 실사판 영화에 제니퍼 로런스Jennifer Shrader Lawrence를 캐스팅했다가 논란이 거세지자, 결국 뮬란 역에 중국 배우 류이페이劉亦菲를 캐스팅하는 해프닝도 있었다. 유사하게 〈헬보이 : 라이브 오브 더 블러드 퀸〉에서 에드 스크레인Ed Skrein이 일본계 배역을 맡아 논란이 일기도 했다.

첫 흑인 여성 부통령인 카멀라 해리스Kamala Harris의 전신사진이 실렸는데, 인위적으로 보정했다는 의혹이 들 만큼 피부색이 매우 밝았다.

한때 한국 사회에서 검게 태운 피부가 건강함의 상징으로 젊은이들 사이에서 인기를 얻었으나, 그럼에도 여전히 '백인처럼 하얀 피부와 오뚝한 코'라는 미의 기준은 우세하다. 백인 같은 외모, 흰 피부에 대한 욕구는 서구 제국주의의 폐해이자 유산이며 한국인의 의식에 깊이 내면화한 인종주의를 보여 준다. '우리가 백인이었으면 좋겠다', '우리는 백인과 같다'는 백인 선망의식, 유사 백인 의식이 우리 사회에 존재하는 반면(박경태 2009, 138, 139), 검은 피부는 아름답지 않고 흑인은 범죄자라는 반흑인성의 또 다른 편향이 있다. 이는 이슬람이 야만의 종교, 테러리스트의 문화로 인식되는 것과 비슷하다. 가나 출신 방송인 샘 오취리Samuel Okyere의 인스타그램과 그가 운영하는 유튜브 채널은 차마 지면에 옮기기 어려운 인신공격과 차별적인 글로 도배되어 있다. 이유가 있겠으나 그를 둘러싼 대중의 논란이 그의 검은 피부와 무관하다고 할 수 있을까? 그가 흑인이라는 이유로 더 날카로운 잣대와 높은 기준을 들이대는 것은 아닐까? 로빈 디앤젤로Robin DiAngelo는 반흑인성이 백인 정체성의 근간을 이룬다고 주장했다(디앤젤로 2020, 164). 우월한 백인종을 창조하려면 그 반대에 있는 열등한 흑인종 개념이 필요했다는 것이다. 즉, 반흑인성이 있어야 친백인성도 존재한다. 일부 한국인들이 표출하는 과도한 반흑인성은 과도한 친백인성의 또 다른 얼굴일지 모른다.

백인 선망 의식 또는 유사 백인 의식은 백인은 우월하고 비백인은 열등하다는 인종차별주의 시각을 비판 없이 수용하게 만들며, 백인이 아닌 사람들 간에도 서열을 만들어 차별하는 결과를 낳는다(박경태 2009, 139). 이옥순(2002)은 이와 유사한 현상을 '복제 오리엔탈리즘'이라는 용어로 설명한다. 그는 '박제 오리엔탈리즘'과 '복제 오리엔탈리즘'을 구분해 인도를 묘사하는데, 이에 따르면 영국은 인도를 식민지로 정복하고 지속적으로 지배하기 위해 인도인에게 열등한 자아상을 부여했다. 영국에 의해 창조된 인도의 부정적 이미지는 점차 본질적인 것으로 고정되었는데, 이것이 박제 오리엔탈리즘이다. 한편 복제 오리엔탈리즘은 박제 오리엔탈리즘을 체화한 우리가 인도를 바라보는 모습을 뜻한다. 인도를 직접 경험해 보지 못했음에도, 여성 대상 범죄가 만연해 있다거나 위생 관념이 철저하지 않은 곳이라고 인식한다면, 이는 우리와 같은 아시아인 인도를 서구의 시선으로 평가해서일지도 모른다. 이옥순은 서양이 주입한 오리엔탈리즘을 우리가 그대로 내면화하고 있다고 지적하면서 이를 복제 오리엔탈리즘으로 명명했다. 즉, 복제 오리엔탈리즘은 아시아인이 지닌 '우리 안의 오리엔탈리즘'이다.

우리보다 경제적 발전이 늦은 나라 사람들, 중국인과 흑인, 그리고 우리 사회의 소수자 집단에 대해서도 은연중에 복제 오리엔탈리즘 시각을 드러낸다. 그런 사례들을 살펴보자.

　한국 현대사는 주둔지 혼혈인에 대한 편견과 차별로 얼룩졌음에도 이에 대한 진지한 성찰과 반성은 제대로 이루어지지 않았다. 한국에는 순혈주의 풍조가 있다. 순혈주의는 자신이 속한 집단이 더 우월하다고 주장하며 타자로부터 '우리'를 구분하는 전략으로 자신의 '순수성'을 강조한다. 우리는 오염되지 않았고 순수하며 다른 사람들은 더럽고 불순하다는 것이다. 따라서 순혈주의는 깨끗하지 않고 순수하지 않은 사람을 골라내 벌을 주는 것이 당연하다는 논리로 이어진다. 한국전쟁 후 주한 미군과 한국인 여성 사이에서 태어난 혼혈인들은 이런 순혈주의와 반흑인성 속에서 모진 차별과 수난의 시대를 살아가야 했다.

　화교도 차별 대상이었다. 화교에 대한 차별이 사실상 외국인 차별의 시작이었다. 미국에서 일본계 이민자를 주요 대상으로 외국인 토지 소유 금지법을 실시한 것을 두고 우리는 인종차별이라고 비난하지만, 한국에도 유사한 제도가 있었다는 사실을 아는 사람은 많지 않다. 현금을 대량 보유했던 화교들은 1953년과 1962년 두 차례 화폐개혁으로 매우 큰 어려움을 겪었다. 또한 정부는 1961년 화교를 대상으로 한 〈외국인토지법〉(법률 제718호)을 제정해 화교들의 경제력에 결정적인 타격을 입혔다. 1970년대에는 물가 인상을 막는다는 이유로 자장면 가격 동결, 중국 음식점 내 쌀밥 판매 금지, 세무 당국이 임의로 과세 표준을 결정할 수 있는 인정과세 실시 등 화교의 경제력 성장을 억제할 조치가 잇달았다. 이런 정책들로 말미암아 많은 화교들이 한국을 떠났고, 현재 국내 화교 인구는 자연적 증가에만 의존하는 상황이다. 화교에 대한 차별은 어디서 비롯되었을까? 중국이 쇠퇴하고 일본이 한반도를 식민 지배하면서 중국을 멸시하는 풍조가 싹텄다. 게다가 한국으로 이주해 온 화교들이 대체로 사회적 계층이 낮은 노동자 및 농민 출신이라며 이들을 계급적으로 멸시하는 동시에 이들이 한국인의 경제권을 위협할지 모른다고 두려워하면서 화교에 대한 차별과 배제로 이어졌다. 익숙한 메커니즘이다. 앞서 아시아인 차별의 역사에서 살펴보았듯이, 미국이 중국인 이주자를 배척한 것도, 사회계층이 낮은 이주자들에 대한 편견과 함께 이들이 일자리를 빼앗아 간다는 경제적 위협이 큰 이유였다. 외국인에 대한 차별은 먼 나라만의 일이 아니다.

중국인에 대한 한국인의 반감은 최근 더욱 강해졌다. 퓨 리서치 센터가 2020년 6~8월 조사한 결과에 따르면 응답자 가운데 75%가 중국에 부정적이라고 대답했다. 2015년 37%에서 2017년 61%로 급상승한 뒤 2019년 63%에 이어 2020년 최고치를 기록했다(Pew Research Center 2020/10/06). 또한 2020년 코로나19와 관련해 '중국인의 입국을 금지해야 한다'는 청와대 국민 청원이 76만 1833명의 동의를 받았는데, 이는 역대 세 번째로 많은 사람이 참여한 국민 청원으로 기록됐다. 코로나19 발발 이후 극우 단체들이 주한 중국 대사관 앞에서 중국인 입국 금지를 요구하며 시위하기도 했다. 격화되고 있는 한국인의 반중 정서가 모두 복제 오리엔탈리즘에 연원한다고 할 수는 없다. 반중 정서에는 더 복합적인 정치적·문화적·경제적 차원이 내포되어 있을 것이다. 중국과는 오랜 역사적 관계가 있을 뿐만 아니라, 남북 관계를 둘러싸고 미국·일본·러시아 등과 더불어 중국은 견제 대상인 동시에 긴밀히 협력해야 할 국가이기 때문이다. 경제적인 측면에서도 한국의 대중국 의존도는 계속 높아지고 있다.★ 한국보다 경제 발전이 늦고, 위생적이지 않으며, 시민 문화가 후진적이라고 여긴 중국이 세계의 대국으로 등장한 것에 대해 한국인들이 갖는 감정에서, 서구가 중국을 보던 시선('더럽거나 두렵거나')이 떠오르는 것은 부정할 수 없을 듯하다.

중국 동포에 대한 시선에도 화교나 중국인에 대한 시각이 그대로 투영된다. 한국인들은 동포들을 차별한다. 그런데 모든 동포를 차별하는 것이 아니고, 특정 국가의 동포만 차별한다. 미국과 유럽을 비롯한 서구 국가의 동포에게는 상대적으로 우호적이지만 조선족과 고려인에 대해서는 그렇지 않다. 특히 중국 동포인 조선족에 대한 부정적 고정관념은 강력하다. 원래 조선족이라는 용어는 중국 정부가 자국 내 한인을 지칭하는 것이었

★ 2021년 기준 한중 무역 규모는 3015억 달러로 이는 미국(1690억 달러)과 일본(847억 달러)을 합한 것보다 많으며, 한국의 전체 대외 수출에서 중국이 차지하는 비중은 25.3%에 달한다(한국무역협회 2021).

다. 중국에서 조선족은 한족을 제외한 나머지 55개 소수민족 가운데 하나이나 우리에게 조선족은 우리 민족 그 자체다(박민영 2020, 209). 이상하지 않은가? 미국에 사는 한인은 미국 교포, 영국에 사는 한인은 영국 교포, 일본에 사는 한인은 일본 교포라 부르면서 왜 중국에 사는 한인은 중국 교포가 아니라 조선족이라고 부를까? 우리의 편견이 고스란히 담긴 언어적 차별이다.

경제적 차별도 심각하다. 한국에서 중국 동포의 임금은 대체로 외국인 노동자에 준하나 미국 교포에 대해서는 이런 임금 차별이 잘 발생하지 않는다. 중국 동포는 같은 한민족이 아니라 사실상 외국인 노동자로 간주되는 셈이다. 경제적 차별뿐만 아니라 중국 동포에 대한 혐오 현상도 심각하다. 한국인 노동자가 일을 못하면 개인의 능력 부족이라 여기지만, 중국 동포가 실수하면 '조선족은 다 그렇다'는 비난이 쏟아진다(박민영 2020, 217).

한국 사회에서 중국 동포에 대한 인식은 부정적 고정관념의 집약판 같다. 우리는 19세기 말 황화론이라는 이름으로 등장한, 미개하고 위험하고 난폭한 아시아인이라는 서구 사회의 고정관념을 그대로 복제해 중국 동포에게 적용했을지도 모른다. '조선족은 잠재적 범죄자이다', '조선족은 걸핏하면 칼부림을 한다', '조선족이 많이 사는 서울 ○○동은 범죄의 온상이다', '조선족은 믿을 수 없다', '조선족은 중국인이지 한국인이 아니다' 등이 흔히 중국 동포를 바라보는 우리 사회의 이미지들이다. 흉악 범죄 사건에 대한 기사에는 범인이 조선족일 것이라는 근거 없는 추측성 댓글이 달리기도 한다. 이런 이미지는 매체가 만들어 내고 강화했으며 퍼뜨렸다. 미국에서 아시아인의 이미지가 매체를 통해 부정적으로 재창조되는 모습과 비슷하다. 많은 영화들에서 '조선족 = 범죄자' 프레임이 엿보이는데, 예를 들어 영화 〈황해〉(2010년)에서 중국 동포가 살인 청부업자로 등장한 이후 〈신세계〉(2013년), 〈차이나타운〉(2014년), 〈아수라〉(2016년), 〈청년경찰〉(2017년), 〈범죄도시〉(2017년) 등에서 중국 동포가 범죄자로 묘사되었다. 정말 중국 동포가 그렇게 많은 범죄를 저지를까? 통계 수치를 보면 그렇지 않다. 외국인 국적별 전체 범죄 인구 10만 명당 범죄자 검거 인원 지수가 가장 높게 나타난 나라는 몽골(3473)이며, 중국 동포가 다수 포함된 중국은 검거 인원 지수가 1858로 전체 조사 대상 16개국 가운데 여섯 번째였다(최영신 2017).

왜 한국인은 동포를 차등적으로 대할까? 왜 중국 동포를 차별적으로 바라보게 되었을까? 한국 사회에서 중국 동포는 가난하다는 이유로 이등 시민 취급을 당하는데, 한반도에 살던 사람들이 어떻게 중국으로 이주하고 수십 년이 흐른 뒤 다시 한국 땅으로 이주해 왔는지 그 역사를 제대로 아는 사람들은 많지 않다. 중국 동포의 역사*는 조선 말기에 우리 백성이 전란, 가뭄,

★ 중국 동포의 역사는 박민영(2020)에서 일부를 요약 및 발췌했다.

지방관아의 수탈 등을 피해 만주로 건너가야 했던 때에서 시작된다. 그 후 한일 합병을 계기로 독립운동가나 일제의 수탈로 생계 수단을 잃어버린 이들이 고향을 떠나 만주로 향했다. 또한 1931년 만주사변을 일으킨 일제는 만주국을 세워 매년 조선인을 1만 가구씩 강제 이주시켰다. 중국 동포의 한국 유입은 그후 한참이 지난 1978년 말 중국공산당 11기 중앙위원회 3차 전체회의에서 덩샤오핑이 개혁·개방을 선언한 이후, 그리고 1992년 한중 수교 이후 본격적으로 시작되었다. 그러나 한국 정부는 1999년 〈재외동포의 출입국과 법적 지위에 관한 법률〉(〈재외동포법〉)을 제정하면서 여기에 중국 동포를 포함하지 않았다. 대한민국 국적을 보유했던 적이 없는 자와 그 직계비속, 즉 1948년 8월 15일 대한민국 건국 이전에 중국·구소련·일본·아메리카 등 해외로 이주한 동포 가운데 현지 국적이 있는 동포와 그 후손 및 조선적朝鮮籍 재일동포 등이 외국 국적 동포의 범주에서 제외되었다. 따라서 중국 동포와 고려인 등 정부 수립 이전에 해외로 이주한 동포는 이 법을 적용받지 못했다. 이것이 논란이 되자 결국 2004년 〈재외동포법〉이 개정**되면서 이들도 재외 동포로 인정

** 일제강점기에 만주로 이주한 한인들의 2세인 중국 국적 동포 세 명 (조연섭·문현순·전미라)이 시민단체의 지원을 받아 1999년 8월 23일 〈재외동포법〉 제2조 2호에 대한 헌법소원심판을 청구했다. 2001년 11월 29일 헌법재판소 전원재판부는 재판관 6인의 다수 의견으로 "합리적 이유 없이 정부 수립 이전 이주 동포를 차별하는 자의적인

받게 되지만, 중국 동포에 대한 한국 사회의 차별적 시선은 여전히 강고히 존재한다.

한편, 한중 수교 이후 조선족 사회는 큰 타격을 입었다(박혜란 1996; 박민영 2020에서 재인용). 중국에 진출한 한국 기업과 한국인들로 말미암아 한국에 가면 큰돈을 벌 수 있다는 소문이 퍼져 중국 동포의 한국행이 급증했다. 젊은이들이 떠나가고, 부모가 한국으로 일하러 가는 바람에 남겨진 아이들은 조부모에게 맡겨지는 등 조선족 사회는 가족 해체 현상을 겪었다. 또한 많은 중국 동포 여성이 한국의 농촌 남성과 결혼해 이주함에 따라 연변에서는 결혼을 못 하는 중국 동포 남성이 점차 증가했다. 인구가 줄어 연변의 지역 경제가 쇠퇴했고, 한국의 향락·퇴폐 업소를 모방한 업소가 급증했다. 이처럼 한중 수교 이후 연변의 중국 동포 공동체는 오히려 예상치 못한 시련을 겪어야 했다.

한국인 안에 복제되어 뿌리내린 오리엔탈리즘은 동남아 등

입법이어서 헌법 제11조의 평등 원칙에 위배된다"라고 판결했다. 2003년 12월 31일까지 법률을 개선하라는 명령을 받은 법무부는 2003년 12월 29일 시행령 제3조에서 해외 이주 시점에 따른 외국 국적 동포 간 차별 규정을 폐지했고, 직계비속의 범위를 2대로 한정하는 규정을 신설했으며, 2004년 3월 5일 〈재외동포법〉 제2조 2호를 "대한민국의 국적을 보유했던 자(대한민국 정부 수립 이전에 국외로 이주한 동포를 포함한다) 또는 그 직계비속으로서 외국 국적을 취득한 자 중 대통령령이 정하는 자"로 개정(법률 제7173호)했다(한국민족문화대백과사전 홈페이지에서 '재외동포의출입국과법적지위에관한법률' 참고).

지에서 온 노동자에 대한 차별과 혐오에서도 읽힌다. 우리나라에서 반다문화 정서가 본격적으로 확산된 것은 2008년경이다(박민영 2020, 189, 190). 당시 리먼 브러더스Lehman Brothers가 역사상 최대 규모의 파산 신청을 하면서 세계가 금융 위기에 휩싸였고★ 한국 경제도 매우 어려웠다. 반외국인 혐오 정서는 경제 상황과 깊이 관련된다. 코로나19 발생에 따른 최근의 경제 불황도 마찬가지인데, 어려운 경제 상황이 외국인과 소수자에 대한 대중의 반감과 혐오를 자극하는 현상을 우리는 쉽게 확인할 수 있다. 철학자 에드문트 후설Edmund Husserl이 처음 제시한 타자화othering라는 개념은 특정 대상을 다른 존재로 보이게 만듦으로써 분리된 존재로 부각하는 말·행동·사상·결정 등의 총체를 의미한다. '우리 대 그들'이라는 이분법을 만들고 그 구분에서 결속감을 찾는 것인데, 경제 불황, 팬데믹 등 사회가 큰 변화를 겪을 때 사람들은 사회 구성원의 자격을 좁게 규정하는 경향이 있다. 즉, 국가 위기 속에서 외국인은 가장 쉽고 빠르게 타자화되는 대상 중 하

★ 세계 4위의 월가 대표 투자은행IB이자 미 국채 주요 딜러였던 리먼 브러더스는 2008년 9월 15일 새벽 뉴욕 연방 법원에 파산 보호 신청을 했다. 비우량 주택 담보대출(서브 프라임 모기지) 부실 및 파생 상품 손실에서 비롯된 6130억 달러(약 660조 원) 규모의 부채를 감당하지 못한 것이다. 이는 월스트리트발 국제 금융 위기로 번져 세계를 공포에 몰아넣었으며, 이후 10여 년에 걸쳐 세계경제는 어려움을 겪었다.

나다.

　냉정하게 말해, 이주 노동자에 대한 우리의 태도는 기회주의
적이다. 경제가 호황일 때는 먼 곳에서 한국까지 와서 고생이 많
다고 호의를 보이다가도, 경제 상황이 조금 안 좋아지면 호의적
인 시선은 사라지고 그들을 타자화한다. '외국인 노동자들이 좋
은 일자리를 다 빼앗아 간다', '이들과 경쟁하느라 내 임금이 깎
인다', '외국인 노동자들은 세금도 제대로 안 낸다', '외국인 노동
자들은 불결하다', '외국인 노동자들은 잠재적인 범죄자들이다'
등 경제 상황이 좋을 때 보인 연민은 이내 혐오와 적대감으로 바
뀐다. 미국인이 아시아계 이주자를 대하는 태도와 다를 바 없다.
박민영(2020, 205)은 한국에서 일하고 있는 동남아 출신 이주 노
동자들이 우리의 '내부 식민지'일지도 모른다고 적었는데, 부끄
럽지만 맞는 표현이다.

　한국은 고용허가제를 실시하고 있다. 고용허가제는 정부가
국내에 취업을 희망하는 15개국 출신 외국인 근로자에게 취업
비자(E-9)를 발급해 국내 근로자와 동등한 대우를 보장한다는
취지로 2004년 8월 처음 시행되었다. 이 제도에 근거해 이주 노
동자는 특정 업체와 계약한 상태에서 입국한다. 입국한 뒤 이주
노동자 관리는 국가가 아니라 고용주가 대신 맡는다. 또한 고용
허가제에서 이주 노동자는 계약한 업체에서만 일해야 하고, 다
른 업체로 자유롭게 이직할 수 없으며, 3년간 최대 3회까지만
사업장을 변경할 수 있다. 사업장 변경은 사업주의 승인이 있거

나 임금 체불과 같은 〈근로기준법〉 위반 사항이 있는 등 예외적인 경우에만 가능하다. 1년 치 임금 중 30% 이상 체불되어야 사업장을 변경할 수 있으며, 불합리한 차별 대우에 대한 기준도 명확하게 규정되어 있지 않아서 실제로 불이익을 받고도 사업장을 옮기는 이주 노동자는 소수에 불과하다. 이들이 쉽게 직장을 옮길 수 없는 제도적 허점을 악용해 사업주가 이주 노동자에게 불합리하고 열악한 노동조건을 강요하는 경우가 많다. 이주 노동자의 직업 선택과 직장 이동의 자유를 크게 제한하고 있어 '현대판 노예제'나 다름없다고 평가되기도 한다.

또한 외국인의 정주화를 막기 위해 고용허가제는 한 번에 최장 4년 10개월만 머물도록 허용한다.★ 외국인이 합법적으로 5년 이상 거주하면 영주권을 신청할 수 있기 때문이다. 미국에서 아시아인에게 시민권을 주지 않으려고 자의적인 기준을 내세운 것과 다를 바 없다.

한국은 세계 최대 수산물 생산국 가운데 하나인데, 전체 선원의 약 40%, 원양어선의 경우 약 70%가 이주 노동자로 구성된다(박민영 2020, 192). 이처럼 이주 노동자가 우리나라 수산업에 기여

★ 고용허가제로 입국한 이주 노동자는 특정 사업장에서 3년 동안 일한 뒤 체류 기간을 1년 10개월간 연장할 수 있고, 4년 10개월간 성실히 근무할 경우 성실 근로자 재고용 제도에 따라 자국으로 돌아가 3개월 동안 휴식한 뒤 일했던 사업장으로 재취업할 수 있다.

하는 바가 매우 크지만, 살인적인 노동시간, 한국인 선원과의 임금 격차, 임금 체불 등 이들이 겪는 인권유린은 매우 심각하다. 19세기 중반에서 20세기 중반에 이르기까지 미국 내 값싼 노동력 대체품이었던 아시아계 노동자에 대한 억압과 핍박이 21세기 한국 땅에서 재현되고 있다.

흔히 이주 노동자를 잠재적 범죄자로 낙인찍곤 한다. 그러나 통계 수치를 보면 외국인의 범죄율은 내국인의 절반에도 못 미친다. 2015년도 검거 인원 지수를 조사한 결과에 따르면 외국인의 전체 범죄 인구 10만 명당 검거 인원 지수는 1558로, 내국인 3369의 46% 정도다(최영신 2017). 또한 미등록 이주자는 합법 체류 상태의 이주자보다 범죄율이 더 낮다고 알려져 있다. 미등록 이주 노동자의 경우 자칫 잘못하면 본국으로 추방될 수 있으므로 범죄에 연루되지 않도록 더욱 조심하기 때문이다.

한국인의 취약성

이주자들이 한국인보다 높은 지위에 오르는 것을 용납하지 못하는 현상도 눈에 띈다. 서구에서 발생하는 아시아인 혐오 현상에도 이런 차원이 있다. 중간 소수민족 역할에 만족하지 않고 백인보다 앞서는 것은 허용되지 않는다. 한국 사례를 살펴보자. 한국 최초의 다문화 이주민 출신 여성 국회의원이었던 이자스민은 방송에서 얼굴을 알린 뒤 영화 〈완득이〉(2011년)에서 완득이 엄마 역으로 유명세를 탔다. 그때까지만 해도 한국인의 시선은 호의적이었다. 한국인 남성과 결혼했고, 한국말도 유창한 '외국인 며느리' 역할에 충실했기 때문이다. 그런데 이자스민이 국회의원이 되자 혐오의 대상이 되었다. 우리보다 경제 발전이 더딘 저개발 국가 출신의 아시아계 여성이 국회의원이 되다니! 이자스민은 임기 내내 악성 댓글에 시달렸고, 그에 대한 반감은 임기가 끝나고도 여전하다. 나는 한 강의에서 이자스민과 이참을 대비해 설명한 적이 있다.★ 이참은 독일 출신 백인 남성으로, 한국에서 배우로 활동했다. 이명박 정부 시절 한국관광공사 사장에 임명되었는데, 이자스민의 경우처럼 인종 혐오적 반응은 없었다. 두 사람은 여성 대 남성, 필리핀 출신 대 독일 출신, 비백인(유색인종) 대 백인이라는 차이가 있었다. 나는 이 세 가지 차이점 모두에서 이자스민은 비원형(여성, 필리핀인, 유색인종)에 속하는 교차 정체성이 있으며, 그로 인해 대중에게 혐오와 반감의 대상이 되었다고 생각한다. 그런데 내가 이렇게 설명하자 강의를 듣고 있던 사람들, 특히 남성들의 반대가 거셌다. 그들은 얼굴이 붉어지고 목소리가 높아졌으며 몹시 화가 난 듯했다. 이자스민이 대중에게 비호감이 된 것은 국회의원이 된 뒤 한국이 아니라

★ 이자스민과 이참을 대비한 설명의 일부는 박민영(2020, 203, 204)을 참고했다.

필리핀에만 관심을 두고 일했기 때문이며, 그가 국회의원이 아니라 행정부 관료였다면 그렇게까지 비난받지 않았을 것이라고 했다.

여기서 한 가지 짚고 넘어가자. 국회의원이 된 뒤 그는 우리나라가 아니라 필리핀을 위해 일했을까? 이자스민 의원의 입법 활동을 분석하니, 임기 동안 총 686건의 법안을 발의했으며, 이 가운데 44건은 대표 발의, 642건은 공동 발의였다. 발의한 법안의 내용은 장애인, 노인, 아동·청소년, 여성, 다문화, 성폭력, 북한 이탈 주민, 북한 인권, 군대 등과 관련된 것이었고, 외국과 관련해서는 '필리핀 공화국 태풍 피해 희생자 추모 및 복구 지원 촉구 결의안'을 발의했다. 이 결의안이 '필리핀을 위해서만 일한다'는 논란의 계기가 되었던 것 같으나, 이 결의안을 제외하면 의심을 살 만한 발의안은 거의 없었다. 전체적으로 이자스민 의원의 의정 활동은 소속 정당인 새누리당의 입장에서 다문화 대표성을 높이고자 노력한 것으로 평가된다. 물론 한 의원의 의정 활동이 입법 활동만으로 평가되는 것은 아니지만, 국민을 대표하는 입법기관인 국회의원의 입법 활동이 의정 활동의 핵심인 것은 사실이며, 이런 측면에서 그녀가 '필리핀만을 위해서 일했다'는 주장은 근거가 빈약하다.

로빈 디앤젤로는 '백인의 취약성'이라는 새로운 개념을 제시했다. 그의 말을 옮기면 다음과 같다.

북미의 백인은 인종 분리와 불평등이 심한 사회에서 그에 따른 혜택을 받으며 살아간다. 그 결과 우리는 인종 스트레스로부터 차단되는 동시에 우리에게 이점을 누릴 권리와 자격이 있다고 생각하게 된다. 우리가 지배하는 사회에서 인종으로 인한 불편함을 거의 겪지 않기에 이제까지 우리는 인종 체력을 기를 필요가 없었다. 우리는 사회화 과정에서 우리가 의식하지 못하거나 결코 인정하지 않는 우월 의식을 내면화하게 되고, 결국 인종에 관한 대화에 매우 취약하게 된다. …… 이 사회에서 백인이라는 것에 의미가 있다고 암시하기만 해도 대개 일군의 방어적 반응을 보인다. …… 우리 백인은 이런 반응으로 도전을 물리쳐 균형을 회복하고, 인종적 편안함을 되찾고, 인종 위계에서의 우위를 유지한다. 나는 이 과정을 백인의 취약성으로 개념화한다(디앤젤로 2020, 24).

즉, '백인의 취약성'이란 백인이 자신들의 인종 위치가 도전받을 때 의식적·무의식적으로 보이는 방어적 반응을 뜻한다. 반응은 두 가지인데, 감정적 반응으로 분노·모욕감·수치심 등이 있고, 행태적 반응으로 논박하기·부인하기·회피하기 등이 있다. 백인이 인종에 대한 이야기를 힘들어하는 것을 잘 보여 주는 예로, 실험에 참가한 백인에게 이제 소집단으로 나누어 사랑에 대해 토론할 것이라고 하자 사람들은 의자를 붙이고 서로 가까이 앉았으나, 인종 프로파일링을 주제로 이야기할 예정이라고 하니 의자 간격이 훨씬 멀어졌다고 한다(에버하트 2021, 218, 219).

나는 앞에서 예로 든 강의에서 한국인의 '취약성'을 엿본 듯했다. 재미있는 대비를 공유하려던 것인데, 일부 청중은 지극히 감정적이고 방어적인 반응을 드러냈다. 인종과 관련된 이야기에 방어적이며 불편함과 불안감을 보인다는 점에서 우리 사회의 '인종 체력', '다문화 체력'은 아직 부족하다.

한국인의 취약성을 보여 주는 사례는 또 있다. 2018년 12월 포항공과대학교 대학원 총학생회장에 당선된 인도인 소우라브 사르카르Sourav Sarkar의 경우다(박민영 2020, 202, 203). 그는 한국 대학에서 처음으로 총학생회장에 당선된 외국인 유학생이다. 그런데 총학생회장에 당선되자 그는 혐오의 대상이 되어 버렸다. 당선 소식이 전해진 뒤 '왜 평화로운 캠퍼스에 분란을 일으키느냐', '하필 못사는 후진국 인도인이 회장이 되다니', '너희 나라로 돌아가라' 등 인종차별적인 악성 댓글이 적지 않게 달렸다. 소우라브가 한 신문사와 인터뷰를 했는데, 기사 제목이 너무나 적절했다. 「전에는 모두 친절했다. 총학생회장 당선 … 차별은 그때부터 시작됐다」(『조선일보』 2019/04/27). 소우라브는 다음과 같이 말했다.

한국인이 가진 이런 차별적 시선을 없애지 않는다면 큰 나라는 될 수 있을지언정 품격 있는 글로벌한 나라는 될 수 없지 않을까. …… 큰 나라는 유명하고 대단한 나라라고 말할 수 있다. 한국은 세계 최고 수준의 휴대폰을 만들지 않나. 반면 글로벌한 나라는 명성에 걸맞은 매너를 갖춘 나라다. 모든 사람을 차별 없이 동등하게 대하는 나라 말이다.

한국인은 인종적 측면에서 아직은 매우 취약하다. 우리는 이주민, 특히 경제적으로 저발전된 나라 출신의 이주민을 불쌍히 여기며 동정하곤 한다. 그러다가 이들이 조그마한 권력이라도 갖게 되면 마음이 불편해지고 화가 난다. 그러나 진정으로 반인종주의자가 되려면 외국인 이주민들이 나보다 더 많은 권력을 갖고, 나를 앞설 수도 있다는 사실을 받아들여야 한다(박민영 2020). 우리는 외국으로 이주한 한인이 큰 성과를 거두었을 때 그들을 칭송하며 대서특필하지만, 한국에서 외국인 이주민들이 성공하는 것을 환영하지는 않는다. 모순이 아닌가.

우리는 한국 남성과 동남아시아 이주 여성 사이에서 태어난 자녀를 완전한 한국인으로 취급하지 않는다. 두 가지 법칙이 적용되기 때문이다. 첫째는 '하이포디센트hypo-descent 원칙'인데, 서로 신분이 다른 두 사람이 만나 아이를 낳으면 아이는 부모의 신분 가운데 상대적으로 낮은 신분을 부여받는다는 것이다. 고려 시대에 부모 중 한쪽이 천인이면 그 자식을 무조건 천인으로 삼은 종천법從賤法 또는 일천즉천一賤則賤과 상통하는데, 노비의 신분 세습을 위한 것이었던 이 원칙은 현재 우리 사회에서 다문화 가정의 자녀를 바라보는 시선에도 유사하게 적용된다. 둘째, '피 한 방울 법칙'one-drop rule이 있는데, 미국에서 조상 가운데 흑인의 피가 조금이라도 섞였으면 흑인으로 간주했던 것을 가리킨다. 1910년 미국 테네시주 의회가 통과시킨 뒤로 다른 주들 또한 잇따라 '피 한 방울 법'을 채택했고, 1967년 연방 대법원이 위헌 판정을 내리기 전까지 이는 50여 년 동안 인종 판정의 지배적인 기준이었다. 피 한 방울 법칙은 흑인의 범위를 광범위하게 규정하는 도구로 기능해 인종 서열 체계를 강화했다(Khanna 2010, 96~121; 진구섭 2020에서 재인용). 골프 선수 타이거 우즈Tiger Woods의 사례★를 들면, 1997년 마스터즈 골프 대회에서 우승했을 때 우즈는 자신의 혈통은 8분의 1은 백인, 8분의 1은 원주민계, 4분의 1은 흑인, 4분의 1은 타이계, 4분의 1은 중국계라고 소개했다. 그러나 대부분의 언론 매체는 그를 흑인 선수로 규정했다. 흑인의 피가 한 방울이라도 있으면 나머지 99방울이 백인의 피일지라도 흑인으로 간주하는 서구의 백인 우월주의 때문이다. 우리 사회에서 다문화 가정 자녀를 순수한 한국인으로 대하지 않는 행태는 비한국인의 피가 한 방울이라도 섞이면 완전한 한국인이 아니라고 간주하며, 부모 가운데 한국 사회가 낮추어 보는 동남아 출신 어머니의 신분을 자녀에게 부여하기 때문이다. 우리는 인종차별주의를 먼 나라 일로만 여기고 미국 사회의 인종차별을 비난하지만, 우리 사회에도 똑같은 일이

★ 신문수(2009)는 인종 정체성의 규정이 쉽지 않다는 것을 단적으로 보여 주는 사례로 타이거 우즈를 들었다.

벌어지고 있는지도 모른다.

　서울시는 2021년 3월 관할 지역 거주 외국인 노동자 모두로 하여금 코로나19 진단 검사를 받게 하는 행정명령을 내렸다. 외국인을 바이러스 감염원으로 낙인찍고 혐오를 부추기는 조치라는 비난이 일자 이를 권고로 낮추기는 했으나 외국인에 대한 한국 사회의 차별적 시각을 고스란히 드러낸 셈이다. 이처럼 전염병이 돌 때마다 외국인을 그 감염원으로 지목하고 차별하는 것은 미국의 아시아인만 겪은 일이 아니다. 또한 경기도에는 48만 명이 넘는 외국인이 거주하지만 경기도는 1인당 10만 원씩 지급했던 1차 재난 기본소득 대상에 외국인을 포함하지 않았다. 2021년 지급된 2차 재난 기본소득 대상에 외국인과 외국 국적 동포가 포함되었으나, 국가적 위기에 외국인을 대하는 태도를 보면 우리가 비관용적이라고 비판한 서구의 여러 나라들과 크게 다르지 않았다.

　우리 안의 오리엔탈리즘은 난민에 대한 태도에서도 확인할 수 있다. 2018년 제주도에 예멘 출신 난민 561명이 입국했다. 난민 수용 반대 여론이 들끓었고, 청와대 국민 청원 게시판에 올라온 〈난민법〉 폐지 요구 글에 70만 명이 넘는 사람들이 동의했다. 제주 예멘인 송환, 〈난민법〉 및 제주 무사증 제도 폐지 등을 촉구하는 집회가 전국 곳곳에서 열렸으며, 같은 해 6~7월에만 출입국항에서 난민 신청을 하지 못하게 하거나 허위 서류 작성 시 처벌을 강화하는 등의 내용을 포함한 〈난민법〉 개정안이 다섯

건 발의됐다(〈연합뉴스〉 2021/01/25). 일부 사람들은 예멘 난민은 일자리를 뺏으러 온 가짜 난민이라고 주장했다. 나아가 한국 여성에게 성폭력을 저지를 것이며, 테러리스트일지도 모른다고 했다. '무슬림→IS→테러리스트', '무슬림→가부장제→여성 억압→성폭력'이라는 자동 연상 작용이 일어났다(박민영 2020, 232). 난민 반대 여론이 높자 정부는 무사증 제도에서 예멘인을 제외했다.* 중국인의 미국 입국을 금지한 1882년 〈중국인 배척법〉과 유사하지 않은가.

한국 정부는 난민 신청을 제기한 예멘인 가운데 단 두 명만 난민으로 인정했다. 한국의 난민 인정률은 매우 낮기로 유명한데, 난민 협약(난민의 지위에 관한 협약) 가입국 전체의 난민 인정률이 평균 약 36%인 데 반해 한국은 약 2.4%에 불과하다(박민영 2020, 233). 〈난민법〉이 시행되어 난민 유입이 본격적으로 시작된 2013년 10.9%를 기록한 인정률은 2014년 6%로 하락했다. 2015년 3.8%, 2016년 1.7%, 2017년 2.1%, 2018년 3.6%, 2019년 1.5%로 1~3%대를 맴돌다가, 2020년에는 0.8%로 역대 최저치를 기록했다. 한국의 난민 인정률이 낮은 이유는 자국

★ 제주도는 2001년 제정된 〈제주국제자유도시특별법〉(법률 제6643호)에 따라 외국인 관광객 유치를 위한 무사증 입국 제도를 시행해 왔으나 2018년 들어 중동 국가 출신을 중심으로 난민 신청이 급증하자 무사증 입국 불허 국가를 늘렸다. 예멘은 2018년 6월 1일부터 불허 국가에 포함됐다.

에서 심각한 생명의 위협을 받고 있다는 사실을 신청자 스스로 증명하도록 할 만큼 난민 심사가 엄격하기 때문이다.

많은 한국인이 한때는 난민이었다. 일제강점기에는 독립투사들이 일제의 눈을 피해 나라 밖을 떠돌며 독립운동을 했으며, 해방 후에는 전쟁으로 실향민이 된 사람들이 부지기수였다. 격랑과도 같은 한국 근현대 시기 동안 많은 한인들이 세계 곳곳으로 흩어져 이주했다(박민영 2020, 251).

여러 세기에 걸쳐 한국 사회는 일제 식민 통치와 분단에서 비롯된 이산, 급격한 세계화에 따른 이민의 급증, 국제결혼 증가에 따른 다문화 가족 확산 등을 경험해 왔다. 이제 누가 한국인인지는 순혈주의에 기반한 생물학적 순수성으로는 확인할 수 없다. 한국 사회도 단일민족 국가라는 허상을 버리고 다민족적·다문화적 성격을 받아들일 때가 되었다. 로빈 윌리엄스Robin Williams, Jr.가 말했듯이, 다종족성은 이제 현대사회의 예외가 아닌 규칙이다(Williams, Jr. 1994, 49~79).

나가며

미국은 연방 법률인 〈민권법〉에서 인종, 피부색, 종교, 성적
지향, 장애, 출신국 등을 이유로 어떤 이에게 고의로 상처를 입
히거나 협박하거나 권리를 침해하는 사람은 누구라도 기소된다
는, 증오 범죄 처벌 조항을 명시하고 있다. 이 법의 핵심은 앞에
서 열거한 피해자의 특징 등을 이유로 범행을 저질렀다면 특별
히 가중 처벌한다는 것이다. 현재 아칸소, 사우스캐롤라이나, 와
이오밍 등 세 개 주만 제외하고 미국 47개 주에 증오 범죄 관련
규정이 있다.

그러나 관련 법이 제정되어 있는 것과 그 법에 따라 기소되
는 것은 다른 이야기다. 증오 범죄로 기소되는지 여부는 중요한
의미가 있는데, 증오 범죄임이 입증되면 형량이 늘어나고, 처벌
수위가 높아지면 강력한 규제 작용으로 증오 범죄가 감소하는
효과를 기대할 수 있기 때문이다. 미 연방 법률에 따르면 검찰
은 희생자들이 인종, 국적, 성별, 종교, 성적 취향 등의 이유로

범죄 대상이 됐다는 것, 또는 헌법이나 연방 법으로 보장되는 행위를 용의자가 위반했다는 점을 규명해야 한다. 즉, 증오 범죄 혐의를 입증하려면 가해자가 공격 대상에 대해 '편견'이 있다는 사실을 입증해야 한다. 그러나 용의자의 과거 언행 등 객관적인 증거가 없을 경우, 편견이라는 심리적 부분을 증명하기란 쉽지 않다. 일반적으로 검찰은 증오 범죄 혐의로 기소하기 위해 특정 집단에 대한 용의자의 혐오 감정이 드러난 온라인 게시물, 문자 메시지, 증언처럼 명백한 증거를 추적한다.

그러나 안타깝게도 증오 범죄는 범행의 '동기'를 다툰다는 점 때문에 그 동기를 밝혀 혐의를 적용하기가 쉽지 않다. 아시아계를 노린 증오 범죄가 늘고 있지만 체포나 기소 단계에서 이 혐의가 적용되는 사례는 매우 적다. 여기에는 여러 이유가 있다 (*The New York Times* 2021/03/18에서 일부 참고). 우선 미국의 많은 아시아계 이민자들이 소규모 자영업에 종사하기 때문에 아시아계를 대상으로 하는 범죄는 종종 상점 같은 공간에서 발생한다. 이 경우 범죄 동기가 복잡해진다. 돈을 노린 범행인지, 개인적인 원한에서 비롯되었는지, 아니면 아시아인에 대한 증오 범죄인지를 구분하기가 어렵기 때문이다.

또 다른 이유는 아시아계 범죄 피해자들이 신고를 꺼려서다. 피해를 입고서도 신고하지 않는 사례가 백인은 12.2%, 흑인은 18%, 아시아인은 24.6%로 아시아인이 월등하게 높다(『한국일보』 2021/04/05). 피해 신고를 잘 안 하는 이유는 영어가 완벽하지 않다는 언어 장벽, 보복당할지 모른다는 두려움, 이민자 신분의 문제, 그리고 문제를 만들기 싫어하는 아시아계의 문화적 정서 등이 있다. 여기에 더해, 유색인종을 차별적·폭력적으로 대하는 미국 경찰의 태도가 신고를 기피하게 만든다. 아시아인은 증오 범죄에 노출되더라도 경찰이 유색인종을 어떻게 대하는지 알기 때문에 신고하면 오히려 문제가 더 커지거나 자신이 피해를 입을지 모른다고 걱정하는 것이다.

마지막으로 다른 증오 범죄에 비해 명확한 상징물을 찾기 힘들기 때문이다. 유대인을 대상으로 한 혐오 범죄는 가해자가 히틀러의 나치당을 상징하는 어금꺾쇠 십자 표지(卍)를 온라인 등에 즐겨 게시했다거나 하는 결정적 증거가 있는 경우가 많아서 증오 범죄로 입증되기 쉽다. 흑인을 대상으로 한 범죄 역시 과거 흑인을 목매다는 데 쓰인 올가미나, KKK의 흰색 복면과 망토 등이 증오 범죄를 입증하는 강력한 증거가 된다. 그러나 아시아인 집단과 관련해서는 이런 상징물이 존재하지 않아서, 아시아계를 표적으로 한 증오 범죄를 입증하기가 (흑인이나 유대인이 대상일 때보다) 어려운 경우가 많다.

흑인·유대인·동성애자를 향한 증오 범죄는 상대적으로 유형이 명확하다. 반면 아시아인 증오 범죄는 인종 외에도 복잡한 요소들이 얽혀 있다. 애틀랜타 스파 총기 난사 사건의 경우 피해자 가운데 다수가 여성이었다는 점에서 인종차별에 의한 범죄인 동시에 성차별에 의한 범죄라고 할 수 있다. 아시아인이자 여성이라는 교차성을 가진 '아시아계 여성'에 대한 미국 사회의 오랜 고정관념과 편견이 이 비극적인 사건의 본질이다. 이를 '아시아인'에 대한 증오 범죄로만 본다면 사건의 핵심을 온전히 파악할 수 없다. 인종과 젠더를 분리해서 볼 수 없는 이 복합적인 사건에 대해 미국 사회와 수사기관은 증오 범죄 아니면 성 중독이라는 식으로 접근하려는 경향을 보였다.

이제 아시아인 혐오의 원인과 역사를 살펴보는 긴 여정을 마치려 한다. 그러나 그에 앞서 답해야 하는 질문이 있다. 이 복잡하고 뿌리 깊은 혐오의 고리를 어떻게 끊을 수 있을까? 물론 혐오는 편견에서 오고, 편견은 한 사회의 역사와 문화에서 비롯되기에 이를 고치는 일은 너무나 어렵다. 그래도 포기할 수는 없다. 여기서 우리가 시도할 만한 몇 가지 제안을 해보려 한다. 독자들 및 나와 같은 개인들이 노력할 수 있는 것과, 정부와 사회가 제도적으로 개선할 필요가 있는 부분으로 나누면 다음과 같다.

첫째, 개인 차원에서 우리 모두가 다음 사실을 인지하고 인정할 필요가 있다. 정도의 차이는 있을지 몰라도 우리 모두 차별 행동을 한다. 누구나 무의식적인 편견이 있다. 인종차별주의자만 편견을 갖는 것이 아니다. 편견은 잘못된 정보와 무지에 바탕을 두며, 잘못된 정보와 무지는 편견을 다시 강화한다(장문석 2020). 따라서 우리도 언제든 인종차별주의자가 될 수 있다고 여기며 편견을 지각해야만 편견의 늪에서 헤어날 수 있을 것이다.

개인 차원에서 편견을 인식하고 인정하는 것이 사회적·구조적 불공평과 차별을 극복하는 시발점이지만, 편견을 제거하기란 결코 쉽지 않다. 싫어하고 미워하는 감정인 혐오도 편견에서 비롯되는데, 편견은 자아 정체성과 본질적으로 관련될뿐더러 혐오는 경계선을 강화하는 특수한 감정이기 때문이다. 따라서 혐오는 합리적인 판단을 가린다. 안타까운 사례가 있는데, 2001년 9월 11일 미국의 세계무역센터가 알 카에다의 공격으로 무너진 뒤 미국에 거주하는 아랍계 미국인에 대한 혐오가 증가했다. 그 와중에 인도계 시크교도가, 머리에 쓴 터번이 이슬람교를 상징한다고 오해받아 무참히 살해당했다(심지어 시크교는 역사적으로 이슬람과 적대적이다). 중요한 것은 오직 문제의 '오염원'이 내가 그어 둔 경계선을 넘었는지 여부이다. 개개인의 이런 무의식적이고 잠재적인 편향이 사회 내 불평등의 저변을 이루며, 코로나19 팬데믹처럼 국가적 위기 상황에 혐오 감정이 폭발해 길에서 마주치는 사람에게 아시아인이라는 이유만으로 무작정 폭력을 휘두르는 형태로 표출된다.

'사회 전염'이라는 개념이 있는데, 이는 정서·견해·신념·가치관 등이 사회 구성원 사이로 널리 퍼져 나가는 것을 일컫는다(아가왈 2021). 아시아인에 대한 인종적 편견도 바이러스가 병원균을 옮기듯 구성원 사이로 확산된다. 그러나 바이러스와 혐오 감정만이 아니라 공동체 의식, 포용, 연대감이 전염될 수도 있다. 잠재적인 인종차별주의자임을 자각하고 스스로 경계하는 사람들 사이에서는 포용, 연대감과 같은 정서도 스며들 수 있고, 그에 따라 편견과 혐오의 감정도 누그러질 것이다.

다음으로 개인으로서 우리가 할 일은 성공한 롤 모델을 찾는 일이다. 눈에 잘 보이지 않는 타자는 더욱 소외시키고 차별하기 쉽다. 성공적인 롤 모델 덕분에 타자들이 더 드러난다면 이들에 대한 혐오와 편견도 줄어들 수 있다. 성공한 롤 모델의 중요성에 대해 프라기야 아가왈은 선망하는 분야에서 내집단 출신이 성공하고 활약하는 것을 보는 것은 개개인에게 강한 긍정적 자극이 된다고 주장한다. 나도 성공할 수 있고, 성공하기 위해 노력해야겠다는 용기와 의욕을 품고 도전할 수 있다는 것이다. 아가왈은 성공적인 롤 모델이 미치는 영향력의 예로 이집트 출신 무슬림 축구 선수인 무함마드 갈리 살라흐(살라)Mohamed Ghaly Salah를 든다. 잉글랜드 프리미어 리그의 리버풀 FC 소속인 그는 다른 선수들과 달리 자신의 신앙을 공개 석상에서 언급하며, 땅에 엎드려 신에게 경의를 표하는 골 세리모니를 한다. 『타임』이 선정한, 세계에서 가장 영향력 있는 인물 100인에 오를 만큼 인기가 많은 살라흐를 아끼는 팬들은 '살라흐가 골만 넣는다면야 이슬람으로 개종을 못 할까'와 같은 구호를 만들기도 했다. 살라흐의 리버풀 FC 입단이 그 지역에서 이슬람 혐오 정서 및 행동을 누그러뜨리는 데 긍정적인 영향을 미쳤다는 분석 결과도 있는데, 해당 지역에서 증오 범죄가 감소했으며 리버풀 FC 팬들의 반무슬림 트윗 비율이 다른 축구팀 팬들과 달리 절반으로 감소했다는 것이다. 아가왈은 살라흐의 입단이 이슬람에 대한 대중의 친밀성을 증가시켰으며, 외집단에 대한 나의 부정적 편견을 외집단 출신의 롤 모델이 어느 정도 수정하고 외집단에 대한 친밀감을 높일 가능성을 보였다고 평가했다. 따라서 살라흐의 예처럼 성공적인 롤 모델을 찾고 그들을 널리 알린다면 타 집단을 한층 가깝게 느낄 수 있을 것이다(아가왈 2021, 165~167).★

셋째, 소수 인종 간 연대가 필요하다. 유리 코치야마Yuri Kochi-yama와 그레이스 리 보그스Grace Lee Boggs의 삶은 소수 인종 간 연대의 중요성을 보여 준다. 유리 코치야마는 미국의 일본계 민권운동가로 맬컴 엑스Malcolm X가 총격으로 숨졌을 때 그의 머리를 안고 있던 모습이 담긴 『라이프』Life 사진으로 유명하다. 그는 제2차 세계대전 기간에 재미 일본인을 강제 수용한 것에 대해 미국 정부가 사과하고 보상하는 입법을 하도록 미 상원의 동의를 이끌어 내는 역할을 했으며 평생 인종 간 연대 활동을 강조했다. 캘리포니아주 의회는 코치야마를 추모하는 의미에서 그가 별세한 날 하루 동안 휴회하기도 했다.

그레이스 리 보그스는 중국계 이민자 집안 출신으로 흑인 사

★ 성공한 롤 모델 찾기는 현실적으로 한계에 부딪힐 수 있다. 앞서 예로 든 이자스민과 샘 오취리 등의 성공 경험은, 동시에 이들을 손쉽게 혐오와 편견의 대상으로 만들었다. 아가왈(2021, 167) 역시 성공한 롤 모델이 특정 개인에 대한 '영웅 숭배'에 그치지 않고 외집단의 '보통 사람들'까지 가깝게 느끼게 할지는 증명되지 않았다고 지적했다.

회주의 활동가 제임스 보그스James Boggs와 결혼했다. 보그스 부부는 마틴 루터 킹Martin Luther King, Jr. 목사가 디트로이트에서 거리 행진을 계획했을 때 배후에서 집회를 조직하기도 했다. 보그스는 맬컴 엑스와도 함께 활동했으며, 소수 인종 간 연대를 몸소 보여 준 지도자였다. 코로나19로 말미암아 아시아인 혐오가 급증하고 있는 지금, 오래전 이들이 주창했듯이 혐오는 아시아인뿐만 아니라 모든 소수 인종 집단을 향할 수 있다는 사실을 인식하고, 소수 인종 집단 간 연대의 감정이 자라나고 교류 활동도 늘어나기를 기대한다.

시민들이 시도해 볼 만한 제안 못지않게 정부 역할도 매우 중요하다. 무엇보다 아시아계에 대한 제대로 된 역사 교육이 필요하다. 무지는 막연한 두려움을 낳고, 막연한 두려움은 혐오의 토양이 되기 때문이다(박민영 2020, 237). 미국의 공립학교에서는 아시아인 혐오 현상의 심각성을 다룬 자료를 준비해 학생들을 교육하고 있으며, 주요 매체들도 이 현상을 비중 있게 다루며 비판적으로 보도했다. 또한 2021년 7월, 미국 일리노이주에서 아시아계 미국인의 역사를 학교에서 가르치도록 의무화하는 법안이 통과된 데 이어 위스콘신주·뉴욕주·코네티컷주 등에서도 유사한 법안이 발의되고 있다. 일리노이주는 아시아계 미국인의 역사를 공교육 과정에 도입한, 미국의 첫 번째 주로서 이 법안에 따라 일리노이주 공립학교는 2022년 가을부터 아시아계 미국인의 미국 이민사, 정착 과정, 미국 사회에 기여한 내용 등을 정규

교과과정에 편성해야 한다.

그럼에도 억압과 차별로 얼룩진 170여 년 아시아인 혐오 역사는 아직도 사람들에게 잘 알려져 있지 않다. 미국의 역사 교육은 인종 담론이 그렇듯이 주로 백인과 흑인의 구도에서 이루어질 뿐, 아시아인의 역사는 가려져 있다. 2017년 미국 고등학교 3학년 학생을 대상으로 실시한 조사에 따르면 8%만이 노예제에 관한 역사적 지식이 있었으며, 교사들 또한 역사적으로 오점이 된 주제를 가르칠 때 그 의미를 축소하거나 미화하는 경향이 있다고 한다(에버하트 2021, 259). 흑인 역사에 대한 교육이 이런 상황이니, 아시아계 미국인에 대한 역사 교육은 더 문제가 많으리라고 짐작할 수 있다.

아시아계 이주의 역사에 대한 교육은 미국뿐만 아니라 한국을 포함한 많은 국가에서 함께 이루어져야 한다. 특히 한국인들은 한인을 포함한 아시아인이 타국에서 소수자로서 어떤 차별 경험을 해왔는지 잘 모른다. 아시아인 혐오 현상의 역사를 교육함으로써 한국 사회 소수자에 대한 우리의 태도를 돌아보며 관용과 공감의 정서를 확대할 수도 있다.

자라나는 세대에게 정확한 역사 교육이 중요한 이유는 교육이 편견의 형성을 억제하고 수정하는 역할을 하기 때문이다. 프랑스의 정신의학자이자 저술가인 프란츠 오마르 파농Frantz Omar Fanon은 『검은 피부, 하얀 가면』Peau Noire, Masques Blancs에서 백인이 흑인의 몸을 어떻게 바라보는지를 자세히 묘사한다. 흑인이

뼈가 시릴 정도로 혹독한 추위 때문에 몸을 떤다. 그러자 백인 소년은 흑인이 분노 때문에 몸을 떤다고 생각하고, 엄마 품속으로 파고들며 울부짖는다. "엄마, 저 검둥이가 날 잡아먹으려고 해요!" 파농은 흑인의 몸을 두려워하도록 교육받은 백인 어린이에게는 흑인이 추워서 몸을 떠는 것조차 분노의 징후로 보인다고 해석한다. 백인 어린이들은 흑인의 몸을 짐승과 연관시키고, 흑인을 떠올리면 위험하고 거칠고 폭력적인 것을 연상하도록 교육받으며 자란다. 릴리언 스미스Lillian Smith는 "유아기 때부터 거행하는 백인 우월주의를 우러르는 이런 의례는 자각적 정신에서 잊히고 근육 깊이 파고들어 …… 결국 떼어낼 수 없게 된다"라고 말했다(Smith 1949; 디앤젤로 2020에서 재인용). 아시아인에 대한 역사적 사실을 정확하게 제공하고 교육함으로써 자라나는 세대가 편견 없이 역사를 바라볼 수 있게 해야 한다. 인종차별적 편견이 아이들의 근육 깊이 파고들어 떼어낼 수 없게 되기 전에 말이다.

누군가는 '나는 인종차별주의자가 아니므로 내 아이를 인종차별주의자가 되지 않도록 잘 가르칠 수 있다'고 생각할지 모른다. 개인적으로 나는 열세 살인 내 아이에게 차별과 편견에 대해 어려서부터 설명했고 교육해 왔으므로 내 아이는 조금은 다를 것이라고 생각했다. 그런데 가끔 아이는 깜짝 놀랄 만한 성 편견, 인종 편견을 보여 주며, 내 생각이 착각이자 오만임을 증명해 보인다. 어느 날 아이에게 흑인과 백인 여성 중 누가 더 예뻐 보이냐고 묻자 아이는 곧바로 "백인이 더 예뻐!"라고 대답했다. 두 여성이 똑같이 생겼고 피부색만 다른 경우는 어떠냐고 다시 물었더니 역시나 백인이 더 아름답게 느껴진다고 했다. 그 이유를 물으니 아이는 "그냥 그렇게 보여!"라고 답해 나를 당황시켰다. 아이의 마음 깊은 곳에 인종에 대한 우리 사회의 편견이 이미 자리 잡았음을 알 수 있었다. 인종주의 없는 양육은 불가능하다(디앤젤로 2020, 153). 부모 자신도 인종주의에서 자유로울 수 없기에 부모는 자식을 인종주의자가 되지 않도록 가르칠 수가 없다. 인종주의는 우리 사회의 문화와 제도에 깊이 스며든 구조이기 때문이다. 누구도 이 구조에서 자유로울 수 없기에 제도화된 교육은 더욱더 필요하다.

마지막으로, 정부는 증오 범죄를 공론화하기 위한 제도화에 힘써야 한다. 이런 노력은 아시아인 혐오 현상의 근원지인 서구뿐만 아니라 우리나라를 포함해 세계적으로도 필요하다. 앞서 살폈듯이 미국의 경우 대다수 주가 증오 범죄와 관련한 자료의 수집을 의무화했지만 그렇지 않은 주도 있다. 증오 범죄에 잘 대처하려면 우선 자료를 제대로 수집해야 한다. 데이터베이스를 구축하면 누구를 상대로 어떤 형태의 증오 범죄가 저질러지는지를 파악할 수 있다. 또 가장 집중적으로 대상이 되는 공동체에 자원을 적절하게 배분하거나, 증오 범죄에 취약한 공동체에 필요한 지원을 제공할 수 있다. 한국 역시 증오 범죄와 관련된 통계가 체계적으로 수집되어야 하지만, 아직 '증오 범죄', '혐오 표현' 등의 개념도 충분히 논의되지 못한 상황이다. 근거 법령도 전무할뿐더러 혐오 범죄를 따로 분류해 조사하거나 관련된 통계가 구축되어 있지도 않다.

아시아인 혐오 현상을 해소하기 위해 무엇을 할 수 있을지에 대한 필자의 제안은 여기까지다. 아무것도 하지 않는다면 우리가 맞이할 세상은 어떤 모습일까? 혐오와 차별이 계속되면 우선 소수자들이 고립될 것이다. 소수자들은 외부와 물리적 접촉을 최소화함으로써 자신들을 사회로부터 보호하려 할 것이다. 그러나 혐오가 지속된다면 고립은 고립으로 끝나지 않고 민주주의에 대한 반감과 극단주의에 대한 선호로 나아갈 수 있다(『시사인』 2021/04/10). 혐오로 분열된 사회가 테러리즘과 극단주의로 나아가는 사례를 우리는 목도하고 있다. 미국에서는 흑인에 대한 경찰의 강압적인 권력 행사에 항의하는 이들의 시위와 폭동이 빈발한다. 영국에서도 비백인 거주자들이 백인 인종주의자들의 차별에 맞서는 인종 폭동이 곧잘 발생한다. 혐오로 병든 사회는 차별받는 사람들로 하여금 민주적인 제도의 테두리에서 벗어나 폭력과 테러라는 수단에 기대게 하고 극단적인 선택으로 내몬다. 2005년 7월 7일 런던에서 발생한 대규모 자살 폭탄 테러가 대표적인 사례. 영국에서 성장한 이슬람 이민자 2세 세 명과 파키스탄인 한 명이 아침 출근 시간에 버스와 지하철역에서 동시나발로 사살 폭탄 공격을 감행해 시민 52명이 숨진 사건이었다. 이처럼 혐오는 또 다른 혐오를 낳고, 혐오가 만연한 사회에서는 결국 모두가 불행해진다.

잘 모르는 대상은 두렵고 낯설게 느껴질 수 있다. 그러나 잘 모르는 사람에 대한 공포가 반드시 혐오로 이어질 이유는 없다. 미지의 대상에게 마음을 열고 더 알아 가려는 호기심을 가질 수는 없을까? 호기심 어린 눈으로 미지의 대상을 보면 사회에 나와는 다른 생각·가치·문화가 존재하고, 다양한 사람과 집단이 있음을 알게 된다. 다양성을 기꺼이 받아들였을 때 공동체는 좀 더 행복하고 성숙해진다.

우리는 누구나 소수자가 될 수 있는 시대에 살고 있다. 이 책을 읽고 있는 독자들도 비행기를 타고 미국으로 가면 공항에 내리는 즉시 아시아계, 즉 미국의 소수 인종 집단이 된다. 우리는 언제든지 혐오를 하는 주체이자 혐오를 받는 대상이 될 수 있다. 또한 우리는 편견의 피해자인 동시에 가해자가 되기도 한다. 그런 점에서 다양성이 넘치는 사회에 살고 있다는 것은 고통이 아니라 어쩌면 축복이다. 이런 사실에 공감하는 사람들이 더 늘어나길 바라며 이 책을 마친다.

참고문헌

◆ 국내 자료

〈BBC News Korea〉. 2018/06/10. 「컬러리즘 : 흑인은 피부가 밝아야 연예계에서
　　성공할 수 있을까」. https://www.bbc.com/korean/international-
　　44411274.
강준만. 2010. 『미국사 산책 6 : 대공황과 뉴딜혁명』. 인물과사상사.
『경향신문』. 2021/03/22. 「'더 공공연히, 더 빈번히' … 아시아인 혐오범죄 번진
　　서방국가」. https://www.khan.co.kr/world/world-general/article/
　　202103221546001.
고셋, 토머스 F. 2010. 『미국 인종차별사』. 윤교찬·조애리 옮김. 나남.
국가기록원. 「재외한인의 역사 : 아메리카 : 미국의 재미한인」. https://theme.
　　archives.go.kr//next/immigration/ImmigrationLaw.do.
김지혜·김지림·김철효·김현미·박영아·이완·허오영숙. 2019. 『한국사회의
　　인종차별 실태와 인종차별철폐를 위한 법제화 연구』(연구용역보고서).
　　국가인권위원회.
김태근. 2017. 「미국 이민 정책의 역사와 전망」. 『국제사회보장리뷰』 통권 1호.
나인호. 2019. 『증오하는 인간의 탄생 : 인종주의는 역사를 어떻게 해석했는가』.
　　역사비평사.
디앤젤로, 로빈. 2020. 『백인의 취약성 : 왜 백인은 인종주의에 대해 이야기하기를

그토록 어려워하는가』. 이재만 옮김. 책과함께.

러더포드, 애덤. 2021.『인종차별주의자와 대화하는 법 : 역사, 과학, 인종, 그리고 현실』. 황근하 옮김. 삼인.

몽테스키외. 2007.『법의 정신』. 이명성 옮김. 홍신문화사.

박경태. 2009.『인종주의』. 책세상.

박노자. 2002.「한국적 근대 만들기 I : 우리 사회에 인종주의는 어떻게 정착되었는가」.『인물과 사상』통권 45호.

박민영. 2020.『지금, 또 혐오하셨네요 : 우리 안에 스며든 혐오 바이러스』. 북트리거.

박순영. 2006.「일제 식민주의와 조선인의 몸에 대한 '인류학적' 시선 : 조선인 신체에 대한 일제 체질인류학자들의 작업을 중심으로」.『비교문화연구』 12권 2호.

박준병. 2020.「"미국-필리핀 전쟁 전후(1898-1902)" 미국인의 인식」. 『인문과학연구』66집.

박혜란. 1996.「개방 시대의 중국 조선족 여성」. 남인숙 외.『여성과 한민족』. 학문출판.

법무부.「출입국통계」. https://www.moj.go.kr/moj/2412/subview.do.

비숍, I. B. 2019.『조선과 그 이웃 나라들』. 신복룡 역주. 집문당.

사이드, 에드워드. 1991.『오리엔탈리즘』. 박홍규 옮김. 교보문고.

서울대학교 정치외교학부 정치학 전공 교수진. 2002.『정치학의 이해』. 박영사.

세계한민족문화대전. http://www.okpedia.kr.

손영호. 2003.『마이너리티 역사 혹은 자유의 여신상』. 살림출판사.

『시사인』. 2021/04/10(707호).「미국 내 아시안 혐오, 한국 내 중국인 혐오」. https://www.sisain.co.kr/news/articleView.html?idxno=44261.

『신동아』. 2018/08.「美 에인절 아일랜드(Angel Island)를 가다」. https:// shindonga.donga.com/3/all/13/1415328/1.

신문수. 2009.『타자의 초상 : 인종주의와 문학』. 집문당.

아가왈, 프라기야. 2021.『편견의 이유 : 행동과학자가 밝혀낸 차별과 혐오의 기원』. 이재경 옮김. 반니.

에버하트, 제니퍼. 2021.『편견 : 무의식 속 혐오·불평등에 관한 사회심리 보고서』. 공민희 옮김. 스노우폭스북스.

엠케, 카롤린. 2017.『혐오사회 : 증오는 어떻게 전염되고 확산되는가』. 정지인 옮김. 다산북스.

〈연합뉴스〉. 2021/01/25.「[난민유입 20년] ② 제주 난민들 "한국이 우리 고향"」. https://www.yna.co.kr/view/AKR20210114055600371.

염운옥. 2019.『낙인찍힌 몸 : 흑인부터 난민까지, 인종화된 몸의 역사』. 돌베개.

오바마, 미셸. 2018.『비커밍』. 김명남 옮김. 웅진지식하우스.

오영섭. 2011.「독립신문에 나타난 미국 인식」.『한국민족운동사연구』 67호.

올루오, 이제오마. 2019.『인종토크 : 내 안의 차별의식을 들여다보는 17가지 질문』. 노지양 옮김. 책과함께.

윤인진. 2013.『세계의 한인이주사』. 대한민국역사박물관.

이수영. 2019.「미국의 '백인성'(whiteness)의 확장성 및 배타성 고찰」.『미국학』 42권 2호.

이옥순. 2002.『우리 안의 오리엔탈리즘 : '인도'라는 이름의 거울』. 푸른역사.

이종찬. 2010.「한국 오리엔탈리즘의 중층적 구조 : 소중화, 기독교 근본주의, 식민주의」. 한국사회학회 사회학대회 논문집.

임현식. 2016.「케네디 동화주의의 양면성과 1965년 개정이민법의 한계」.『Homo Migrans』 Vol. 15.

장규식. 2014.「초기 도미 이민자의 미국사회 자리잡기와 이중의 정체성 : 차의석의 이민 자서전을 중심으로」.『역사민속학』 46호, 377~417쪽.

장문석. 2020.「코로나19와 역사적 시각에서 본 전염병」.『코로나19 현상에 대한 인문학적 성찰(1)』. 한국연구재단.

장태한. 2004.『아시안 아메리칸 : 백인도 흑인도 아닌 사람들의 역사』. 책세상.

전복희. 1995.「19세기말 진보적 지식인의 인종주의적 특성 : 독립신문과 윤치호일기를 중심으로」.『한국정치학회보』 29권 1호.

정준영. 2012.「피의 인종주의와 식민지의학 : 경성제대 법의학교실의 혈액형인류학」.『의사학』 21권 3호.

정진농. 2003.『오리엔탈리즘의 역사』. 살림출판사.

『조선일보』. 2019/04/27.「전에는 모두 친절했다. 총학생회장 당선 … 차별은 그때부터 시작됐다」. https://www.chosun.com/site/data/html_dir/2019/04/26/2019042602200.html?utm_source=naver&utm_medium=original&utm_campaign=news

_____. 2021/03/03. 「'닥터 수스' 그림책 판매 중단 … 아시아인을 백인 몸종으로 그려」. https://www.chosun.com/international/international _general/2021/03/03/QQVWQETNUBGSHPK6LWNEHUJAFI.

진구섭. 2020. 『누가 백인인가? : 미국의 인종 감별 잔혹사』. 푸른역사.

최영신. 2017. 「공식통계에 나타난 외국인범죄의 발생 동향 및 특성(2011~2015)」. 한국형사정책연구원. 『KIC ISSUE PAPER』 제4호.

케이, 이블린. 2008. 『이사벨라 버드 : 19세기 여성 여행가 세계를 향한 금지된 열정을 품다』. 류제선 옮김. 바움.

코츠, 타네히시. 2016. 『세상과 나 사이 : 흑인 아버지가 아들에게 보내는 편지』. 오숙은 옮김. 열린책들.

파농, 프란츠. 2013. 『검은 피부, 하얀 가면』. 이석호 옮김. 인간사랑.

〈프레시안〉. 2021/04/05. 「질병과 아시안 증오 150년 역사 … 그들은 '각본'을 재탕하고 있다」. https://www.pressian.com/pages/articles/20210402 08472447728?utm_source=naver&utm_medium=search

『한겨레』. 2021/04/11, 「〈뉴요커〉 표지 작가 "아시아인 빠진 흑백 인종 논의는 틀렸다"」. https://www.hani.co.kr/arti/990486.html.

한국무역협회. 2021. 「한국의 10대 무역국」. https://stat.kita.net/stat/world/ major/KoreaStats06.screen.

한국민족문화대백과사전. http://encykorea.aks.ac.kr.

『한국일보』. 2021/04/05. 「코로나 1년 아시안계 혐오 3,800건 … 미국은 침묵해왔다」. https://www.hankookilbo.com/News/Read/A2021040 514010005660.

해링턴, 프레드 하비. 1973. 『개화기의 한미관계 : 알렌박사의 활동을 중심으로』. 이광린 옮김. 일조각.

홍, 캐시 박. 2021. 『마이너 필링스 : 이 감정들은 사소하지 않다』. 노시내 옮김. 마티.

후지타니, 다카시. 2019. 『총력전 제국의 인종주의 : 제2차 세계대전기 식민지 조선인과 일본계 미국인』. 이경훈 옮김. 푸른역사.

◆ 외국 자료

Appiah, Kwame Anthony. 1992. *In My Father's House: Africa in the Philosophy of Culture*. New York: Oxford University Press.

Bonacich, Edna. 1973. "A Theory of Middleman Minorities." *American Sociological Review*, vol. 38, no. 5, pp. 583~594.

Craig, Maureen and Jennifer Richeson. 2014. "More Diverse Yet Less Tolerant? How the Increasingly Diverse Racial Landscape Affects White Americans' Racial Attitudes." *Personality and Social Psychology Bulletin*, vol. 40, no. 6, pp. 750~761.

Espenshade, Thomas and Alexandria Radford. 2009. *No Longer Separate, Not Yet Equal: Race and Class in Elite College Admission and Campus Life*. New Jersey: Princeton University Press.

Frye, Marilyn. 1983. *The Politics of Reality: Essays in Feminist Theory*. Trumansburg, NY: The Crossing Press.

Go for Broke Educational Foundation. http://www.goforbroke.org (검색일 : 2011년 3월 24일).

Gobineau, Arthur de. 1970. *Gobineau. Selected Political Writings*. ed. by Michael D. Biddis. New York/Evanston: Harper & Row.

Gollwitzer, Heinz. 1962. *Die Gelbe Gefahr. Geschichte eines Schlagworts. Studien zum imperialistischen Denken*. Göttingen: Vandenhoeck & Ruprecht.

Gould, Stephen Jay. 1978. "Morton's Ranking of Races by Cranial Capacity." *Science*. New Series vol. 200(4341), pp. 503~509.

Greeley, Horace. 1854/09/29. "Chinese Immigration to California." *New York Daily Tribune*. https://www.loc.gov/resource/sn83030213/1854-09-29/ed-1/?st=gallery.

Higham, John. 1955. *Strangers in the Land: Patterns of American Nativism 1860-1925*. New Brunswick: Rutgers University Press.

Hirschfeld, Ludwick and Hanna Hirschfeld. 1919. "Serological Difference Between the Blood of Different Races: The Result of Researches on

Macedonian Front." *The Lancet*, vol. 194(5016), pp. 675~679.

Insider. 2021/05/26. "Asian Americans Still Aren't Reaching the C-suite: And It All Comes Down to Promotions. These 4 Charts Put the Problem in Perspective." https://www.businessinsider.com/asian-american-ceos-rare-lack-of-promotions-2021-5.

Khanna, Nikki. 2010. "If You Are Half Black, You Are Just Black. Reflected Appraisals and the Persistence of the One-Drop Rule." *The Sociology Quarterly* 51(1), pp. 96~121.

Kim, Claire Jean. 1999. "The Racial Triangulation of Asian Americans." *Politics & Society*, vol. 27, no. 1, pp. 105~138.

Kramer, Paul A. 2006. *The Blood of Government: Race, Empire, the United States, & the Philippines*. Chapel Hill: University of North Carolina Press.

Lu, Runjing and Sophie Yanying Sheng. 2020. "How Racial Animus Forms and Spreads: Evidence from the Coronavirus Pandemic." 21st Century China Center Research Paper 2021-11. http://dx.doi.org/10.2139/ssrn.3646880.

Okihiro, Gary. 1994. *Margins and Mainstreams: Asians in American History and Culture*. Seattle: University of Washington Press.

Orchowski, Margaret Sands. 2015. *The Law that changed the face of America: The Immigration and Nationality Act of 1965*. London: Rowman & Littlefield Publishers.

Petersen, William. 1966a. "Success Story of One Minority Group in U.S." *U.S. News and World Report*, Dec. 26, p. 73.

_____. 1966b. "Success Story, Japanese-American Style." *New York Times Magazine*, January 9, pp. 20, 21, 33, 36, 38, 40, 41, 43.

Pew Research Center. 2018/07/12. "Income Inequality in the U.S. Is Rising Most Rapidly Among Asians." https://www.pewresearch.org/social-trends/2018/07/12/income-inequality-in-the-u-s-is-rising-most-rapidly-among-asians.

_____. 2020/10/06. "Unfavorable Views of China Reach Historic Highs in

Many Countries." https://www.pewresearch.org/global/2020/10/06/unfavorable-views-of-china-reach-historic-highs-in-many-c ountries.

Reflective Democracy Campaign. 2021/05. "AAPI Political Leadership." https://wholeads.us/wp-content/uploads/2021/05/reflectivedemo cracy-AdvanceAAPIPower-may2021.pdf.

San Francisco Board of Supervisors. 1870. *San Francisco Municipal Reports, 1869-70*. San Francisco, CA: Cosmopolitan Printing Company.

Scherer, Lester B. 1975. *Slavery and the Churches in Early America, 1619-1919*. Grand Rapids, MI: Eerdmans.

Smedley, Audrey. 2007. *Race in North America: Origins and Evolution of a Worldview*. New York: Routledge.

Smith, Lillian. 1949. *Killers of the Dream*. New York: W. W. Norton.

Stechyson, Natalie. 2019/07/03. "Kids Books Still Have a Lack-of- Diversity Problem, Powerful Image Shows: A New Infographic Highlights Some Troubling Stats about Representation." *The Huffington Post*. https://www.huffpost.com/entry/diversity-kids- books-statistics_l_61087501e4b0497e67026f1c.

STOP AAPI HATE national report. https://stopaapihate.org/wp-content/uploads/2021/05/Stop-AAPI-Hate-Report-National-210506.pdf.

Taylor, Paul C. 2004. *Race: A Philosophical Introduction*. Cambridge: Polity (『인종 : 철학적 입문』. 강준호 옮김. 서광사. 2006).

The New York Times. 2021/03/18. "Asian-Americans Are Being Attacked. Why Are Hate Crime Charges So Rare?" https://www.nytimes.com/2021/03/18/nyregion/asian-hate-crimes.html.

Trauner, Joan B. 1978. "The Chinese as Medical Scapegoats in San Francisco, 1870-1905." *California History*, vol. 57, no. 1, pp. 70~87.

Tsunokai, G. T, Allison R. McGrath and Jillian K. Kavanagh. 2014. "Online Dating Preferences of Asian Americans." *Journal of Social and Personal Relationships*, vol. 31, no. 6, pp. 796~814.

U.S. Senate. 1876/1877. "Report of the Joint Special Committee to

Investigate Chinese Immigration." U.S. Senate, Forty-fourth Congress, Report No. 689.

United States Census Bureau. "National Population by Characteristics: 2010~2019." https://www.census.gov/data/tables/time-series/demo/popest/2010s-national-detail.html.

Washington Post. 2021/04/29. "Opinion: Lucy Liu: My Success Has Helped Move the Needle. But It'll Take More to End 200 Years of Asian Stereotypes." https://www.washingtonpost.com/opinions/2021/04/29/lucy-liu-asian-stereotypes-hollywood.

Wendt, Alexander. 1992. "Anarchy Is What States Make of It: The Social Construction of Power Politics." *International Organization*, no. 46, pp. 391~425.

White, Chales. 1799. *An Account of the Regular Gradation in Man, and in Different Animals and Vegetables; and from the Former to the Latter.* London: C. Dilly.

Wigmore, John. 1894. "American Naturalization and the Japanese." *American Law Review*, vol. 28, no. 6, pp. 818~827.

Williams, Jr., Robin M. 1994. "The Sociology of Ethnic Conflicts: Comparative International Perspectives." *Annual Review of Sociology*, vol. 20, no. 1, pp. 49~79.

Yang, Joshua S. 2009. "The Anti-Chinese Cubic Air Ordinance." *American Journal of Public Health*, vol. 99, no. 3. https://doi.org/10.2105/AJPH.2008.145813.

Yung, Judy. 1995. *Unbounded Feet: A Social History of Chinese Women in San Francisco.* Berkeley: University of California Press.

찾아보기

아시아인이라는 이유

혐오와 차별의 정치학

1판1쇄 ┃ 2022년 5월 9일

지은이 ┃ 정회옥

펴낸이 ┃ 안중철, 정민용
책임편집 ┃ 윤상훈
편집 ┃ 강소영, 심정용, 이진실, 최미정

펴낸곳 ┃ 후마니타스(주)
등록 ┃ 2002년 2월 19일 제2002-000481호
주소 ┃ 서울 마포구 신촌로14안길 17, 2층 (04057)
전화 ┃ 편집_02.739.9929/9930 영업_02.722.9960 팩스_0505.333.9960

블로그 ┃ blog.naver.com/humabook
트위터, 페이스북, 인스타그램 ┃ @humanitasbook
이메일 ┃ humanitasbooks@gmail.com

인쇄 ┃ 천일문화사_031.955.8083 제본 ┃ 일진제책사_031.908.1407

값 16,000원

ISBN 978-89-6437-403-0 03300